Prof. Dr. Jes T.Y. Lim

Das klassische Feng-Shui-Wissen I

Prof. Dr. Jes T.Y. Lim

Das klassische Feng-Shui-Wissen

II

**Das Begleitbuch zur Erfolgs-DVD
QI-MAG® Feng-Shui I –**
Die chinesische Kunst des gesunden Wohnens

Erstausgabe 2019
Feng-Shui Broschüre und Begleitheft zu dem DVD Kursus:

QI-MAG° Feng-Shui I
Die chinesische Kunst des gesunden Wohnens

von Prof. Dr. Jes T.Y. Lim

2019 © by IAW Anstalt, Vaduz
www.iadw.com

ISBN: 978-3-7494-5243-9

Die Deutsche Nationalbibliothek verzeichnet diese Publikation
in der Deutschen Nationalbibliografie; detaillierte bibliografische Daten
sind im Internet über www.dnb.de abrufbar.

Umschlaggestaltung: www.layART.li
Umschlagmotiv: ©fotolia.com/Anne Mathiasz
Herstellung und Verlag: BoD – Books on Demand, Norderstedt
Made in Germany

福

Herzlich willkommen!

Seit vielen Jahren haben wir die Feng-Shui-DVDs im Sortiment, die sich großer Beliebtheit erfreuen:

QI-MAG® Feng-Shui I – Die chinesische Kunst des gesunden Wohnens
QI-MAG® Feng-Shui II – Harmonisches Wohnen; Harmonie, Glück und Erfolg mit der alten chinesischen Weisheit steigern
QI-MAG® Feng-Shui für Geschäft und Beruf – bewährte Praktiken aus Asien für geschäftliche Harmonie und Wohlstand

Immer wieder wurden wir gefragt, ob die Handbücher zu diesen DVDs nicht auch einzeln erworben werden können. Aufgrund der beständigen Nachfrage haben wir uns dazu entschlossen, diese Begleithefte auch in Buchform zu veröffentlichen. Sie sind ab sofort im Buchhandel und auf Online-Portalen verfügbar. Auch ohne DVD, als eigenständiges Werk, sind sie ein Juwel mit spannendem und fundamentalem Hintergrundwissen, das in dieser Form nur selten erhältlich ist. Für den Laien empfehlen sich die DVDs, wobei der Feng-Shui Erfahrene in den Handbüchern bestimmt Anregungen entdecken wird, die ihm auch ohne weitere Unterstützung einen wertvollen Dienst erbringen können.

Der Feng-Shui – Pionier Prof. Dr. Jes T.Y. Lim war in den 60er Jahren Unternehmensberater. Feng-Shui, Geomantie, Geobiologie und Naturheilkunde studierte er bei Lehrern und Spezialisten in China, Hongkong, Singapur, Malaysia und Australien. Als Doktor der Akupunktur mit Affinität zur Psychologie und Hypnotherapie absolvierte er unter anderem Ausbildungen im Bereich Naturheil-

kunde. Den Master Degree in der internationalen Business Administration schloss er erfolgreich ab. Er ist der Begründer des internationalen QI-MAG Feng-Shui & Geobiology Instituts, das seit 1990 weltweit tausende Feng-Shui-Berater und TAO-Meister hervorgebracht hat. Als Experte und Koryphäe auf seinem Gebiet ermöglicht er uns einen lebendigen und leichten Einstieg ins Feng-Shui sowie eine Vertiefung dieses zeitlosen Themas, das sich auch im Bereich Business etabliert hat. Viele Feng-Shui-Anfänger sowie Experten erfreuen sich an seinem Wissen, und ihre Anzahl wächst stetig.

Ein herzliches Dankeschön gilt dem Autor, der mit seinem Wissen so vielen Menschen einen großen Dienst erweist!

Feng-Shui kann auch Ihre Daseinsbereiche zu einem kraftvollen Energiefeld verwandeln, das Ihre Wohn- und Arbeitsräume zur Harmonie transformiert. Diese Harmonie entfacht in den unterschiedlichsten Bereichen eine Umgestaltung, Verbesserung bzw. Neuorientierung. Kreativität im Beruf, mehr Lebenslust und -freude sowie tiefer und erholsamer Schlaf sind nur einige von unzähligen möglichen Wirkungen der Transformation durch Feng-Shui.

Die Harmonisierung der Wohnräume kann also der Grundstock für Veränderungen in Ihrem Leben sein.

Eine Wohnraumgestaltung ist immer individuell und intuitiv zu vollziehen und sollte sich niemals nur an Richtlinien orientieren. Erst die spezifische und persönliche Form der Durchführung wird Ihre Räumlichkeiten zur Wohlfühloase der besonderen Art erheben. Lassen Sie sich inspirieren.

Veränderungsbeispiele in der Übersicht:

- *Harmonisierung der Partnerbeziehungen oder Öffnung für eine neue Partnerschaft*
- *Neue Jobsituation oder Balance am Arbeitsplatz*
- *Familiäre Konfliktlösungen*
- *Finanzielle Freiräume für optimalen Geldfluss*
- *Aktivierung der Selbstheilungskräfte*
- *Wiederbelebung von Urvertrauen und Geborgenheitsgefühl*
- *Erholsamer Schlaf, Gelassenheit und innere Ruhe*
- *Mehr Lebenslust, Freude und Kreativität etc.*

Wir haben bewusst darauf verzichtet, Prof. Dr. Jes T.Y. Lims Werk zu bearbeiten oder zu verändern, und haben die Original-DVD-Beilage übernommen. Wir sind überzeugt davon, dass es genau so, wie es ist, bei vielen Lesern auf Anklang stoßen wird: eine kleine Schatztruhe voller Informationen als Zeitzeuge der besonderen Art. **Ein Original, das auch noch in Jahrzehnten nichts von seiner Aktualität und Attraktivität verlieren wird.**

Für Interessierte, die noch etwas tiefer in die Materie eintauchen oder die DVDs als Ergänzung verwenden wollen, sind diese nach wie vor bei der IAW, im Handel sowie auf Online-Portalen erhältlich.

Nun wünschen wir Ihnen viel Freude beim Erleben und Umsetzen, sowie in Ihrem kreativen Wirken.

Ihr Felix Aeschbacher
plus IAW-Team

Echte Rarität

Einmalig:

Nach unveränderten Original-Unterlagen veröffentlicht!

DIE GRUNDDEFINITION VON FENG SHUI

Das richtige Plazieren, harmonisches Design
und die Anordnung von Räumen/Bereichen sowie
die Verwendung von passenden Abhilfen,
um sicherzustellen, daß die funktionalen Räume
stark belebtes, harmonisches Qi und Sauerstoff aufweisen.
Damit werden Vitalität, gute Gesundheit,
harmonische Beziehungen und Zufriedenheit gefördert.
Gutes Feng Shui unterstützt auch Spitzenleistungen,
Erfolg und Wohlstand.

DER HAUPTZWECK VON FENG SHUI

- Viel frische Luft, hohe Qi-Energie und hoher Sauerstoffgehalt
- Hohe Vitalität und gute Gesundheit zuhause und am Arbeitsplatz
- Balance und Harmonie, gute Intuition und die Fähigkeit, gute Entscheidungen zu treffen
- Gute Beziehungen, Liebe, Freude und Spaß
- Erfolg und Überfluß

Das Kosmische Leben

Qi ist weiblich und zieht
Sauerstoff (O_2) männlich an:

$$Qi + O_2 = \text{Kosmische Lebensenergie}$$
$$= \text{Leben}$$

Wir merken uns:
Sauerstoffmangel ist die Wurzel aller
menschlichen Krankheiten !!!

FENG SHUI

heißt auf deutsch

FENG = WIND

SHUI = WASSER

- Wind und Wasser haben sowohl positive als auch negative Auswirkungen auf unser Leben und unsere Umwelt

- FENG SHUI kann die Wirkungen von YIN & YANG ausgleichen, so daß Harmonie entsteht

---

MODERNE DEFINITION VON FENG SHUI

Studium und Praxis

von Natur- und Umweltwissenschaft,

Harmonie und Kunst

Luft - Ionisierung für gute Gesundheit

Im Freien ist die Luft zu 80-100% negativ ionisiert.

Hausenergie	Pilzgehalt der Luft	Bakteriengehalt der Luft	Negative Ionisierung	Positive Ionisierung
10 / 10	0 / 10		10 / 10	0 / 10
9 / 10	0,5 / 10		9,5 / 10	0,5 / 10
8 / 10	1 / 10		9 / 10	1 / 10
7 / 10	1,5 / 10		7 / 10	3 /10
6 / 10	2 / 10		6 / 10	4 / 10
5 / 10	3 / 10	1 / 10	5 / 10	5 / 10
4 / 10 *	4 / 10	2 / 10	4 / 10	6 /10
3 / 10	6 / 10	3 /10	3 / 10	7 /10
2 / 10	7 /10	5 / 10	2 / 10	8 /10
1 / 10	8 / 10	6 / 10	1,5 / 10	8,5 / 10
0 / 10	10 / 10	8 / 10	0,5 / 10	9,5 / 10

Bereiche von Krebs und degenerativen Erkrankungen.

* Bei einer Hausenergie von 4/10 ist der Pilz- und Bakteriengehalt hoch.

VAMPIRE EFFECT IN ROOMS WITH LOW ENERGY
VAMPIREFFEKT IN RÄUMEN MIT NIEDRIGER ENERGIE

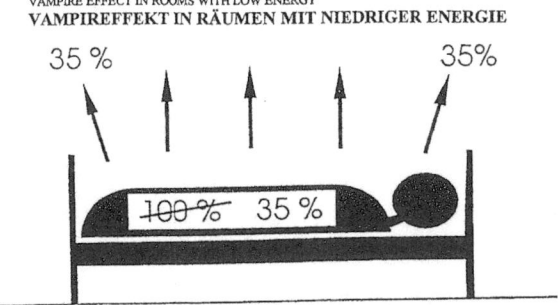

35 %   35%

100 % 35 %

SCHLECHTES FENG SHUI

= niedrige kosmische Energie und wenig Sauerstoff

AUSWIRKUNGEN

1) Giftstoffe im Körper werden nicht oxydiert - die Zahl der freien Radikale nimmt zu.

2) Verringerte Zellaktivität, geringe Vitalität und große Müdigkeit.

ERGEBNIS

1) Degeneration der Organe - Erkrankungen - besonders Nieren und Leber sind betroffen.

2) Geringer „Sexdrive" (Sexualtrieb).

3) Die Lebenserwartung verkürzt sich.

AUSWIRKUNGEN VON GEOPATHISCHEN STÖRFELDERN

Negative Auswirkungen von geopathischen Störfeldern

- Gesundheitsprobleme bei Mensch und Tier
- Pflanzen und Bäume wachsen schief - verdreht und tragen möglicherweise kein Früchte
- Sensible elektronische Geräte fallen eher aus oder haben andere Störungen
- Gebäude mit geopathischen Störfeldern werden eher vom Blitz getroffen

Positive Auswirkungen von geopathischen Störfeldern

- Bienen produzieren mehr Honig (normalerweise die doppelte Menge)
- Weiße Ameisen leben gerne im Bereich von geopathischen Störfeldern

Häufig auftretende Krankheiten in Gebäuden mit niedrigem Feng Shui und insbesondere mit geopathischen Störfeldern:

- Lungenprobleme und Bronchitis
- Mandelentzündung
- Die Drüsen unterhalb der Ohren schwellen an
- Schilddrüsenüberfunktion
- Allergien und Candida
- Hautausschläge, Ekzeme, Schuppenflechte
- Diabetes
- Krebs
- Herzbeschwerden
- Multiple Sklerose
- Allgemeine Unfallneigung

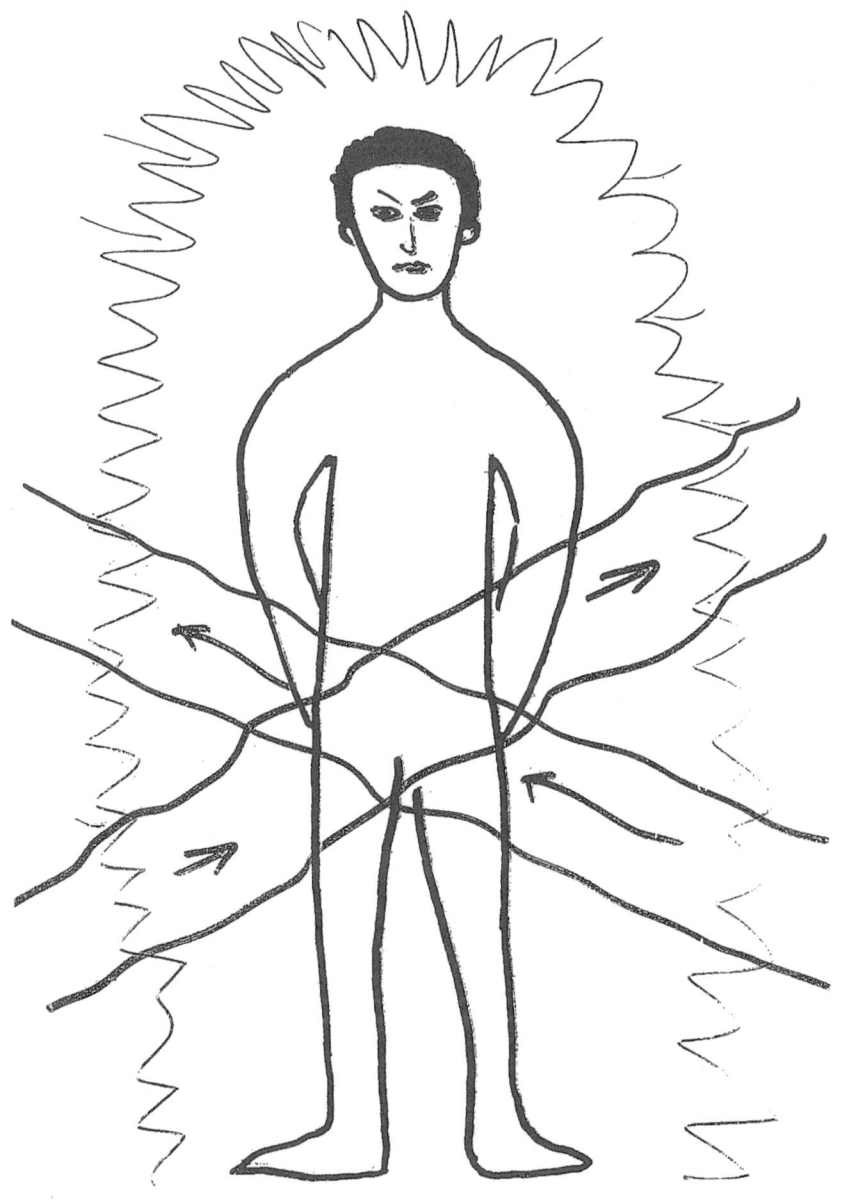

7

DIE BEDEUTUNG VON FENG SHUI

Feng Shui ist die vierte Fähigkeit, die jeder Mensch beherrschen sollte, um ein glückliches Leben zu führen:

1. Atmung
2. Essen
3. Ausscheidung
4. Feng Shui !!!

Jeder Mensch sollte Feng Shui verstehen, um ein gesünderes, glücklicheres und erfolgreicheres Leben zu führen!

WARUM QI-MAG FENG SHUI?

1. Es ist die einzige Richtung des Feng Shui, die kosmische Energie genau bestimmen kann.
2. Es integriert westliche Geomantie und die Neutralisierung von geopatischen Streß.
3. Es wird als Präventivmedizin praktiziert.

QI-MAC FENG SHUI

Vier Bewußtseinsebenen zur Erhöhung der kosmischen Energie in Gebäuden

1. Tatsächliche physische Form in Bewegung - tatsächlicher Wasserfall, Springbrunnen, Wasserrad, Aquarien mit Fischen Windspiel usw.
2. Abbildung des tatsächlichen Instruments oder Gegenstands, Wasserfall, Windspiel, Flöte usw.
3. Gemälde des Instruments oder Gegenstands
4. Spirituelle Form (Abbild) von Instrumenten oder Objekten-Plazierung von Instrumenten / Objekten auf spirituelle Art für das menschliche Auge unsichtbar.

8

WAS SOLL IM FENG SHUI ERREICHT WERDEN?

1. Ermöglichung eines ungehinderten Qi-Flusses - durch harmonische Anordnung von Möbeln und Installationen sowie Garten- und Parkgestaltung.

2. Harmonische Gestaltung von Wohn- und Lebensräumen durch Anwendung von Trigramm- und I-Ging-Prinzipien, um mehr Ausgeglichenheit zu erreichen.

3. Erhöhung des Qi-Flusses in den Räumen durch Aufhängen von Flöten.

4. Mehr Qi anziehen durch Springbrunnen, Wasserfälle, Aquarien, Blumen usw.

5. Blocken des Qi z.b. mit Hilfe von festen Wänden, Windspiel oder Pflanzen, um Qi-Verluste zu vermeiden.

6. Lenken des Qi-Flusses durch entsprechende Hilfsmittel, z.b. mit Spiegeln und Flöten.

7. Neutralisieren von Störfeldern, z.b. geopathischen Störfeldern, die durch Wasseradern verursacht werden.

8. Neutralisieren elektromagnetischer Felder von Stromleitungen oder elektrischen Geräten.

9. Neutralisieren von negativen Eigenschaften in Räumen, z.b. scharfen Kanten und Ecken, blendendem Licht oder ungünstigen Pflanzen.

10. Anregung des Qi-Flusses in einem bestimmten Raumbereich durch Einsatz eines Ventilators, Fächers usw.

11. Ausgleichen des Qi-Flusses in einem bestimmten Bereich durch einen Paravent, eine feste Wand usw.

12. Abblocken von störenden Geistern und negativen feinstofflichen Energien - durch Anwendung des Pa'kua-Symbols usw.

DIE BEDEUTUNG VON ZAHLEN IM FENG SHUI

Spirituelle Zahlen: 1, 3, 4, 6, 7, 9, 12, 13, 15, 16, 18
Irdische / physische Zahlen: 2, 5, 8, 10, 11, 14, 17, 19, 20
Glückszahlen: 2, 5, 7, 8, 9, 10, 11, 12, 15 und Zahlen ohne 4.
Ungünstige Zahlen: Ziffernkombinationen, die in der Quersumme 4 ergeben.
Beispiel: 13 ist nicht günstig, Quersumme = 4

Bedeutung von Zahlen:

1 - vollkommen oder Gott
2 - leicht
3 - lebendig und sehr spirituell
4 - Tod
5 - Harmonie mit den Fünf Elementen
6 - satt, blühend
7 - Vollendung
8 - Wohlstand und Reichtum

9 - Langlebigkeit
10 - sehr sicher
11 - viel Glück
12 - lebendig und sehr spirituell
13 - Tod
14 - einmal sterben
15 - gleichbedeutend mit 6

289 - es ist leicht, für lange Zeit reich zu werden.
744 - es ist sicher zu sterben, das Geschäft hat keinen Erfolg
7373 - es ist sicher zu leben

Die 1 ist bei den Chinesen nicht besonders beliebt, weil sie nur eine Ziffer hat. Generell bevorzugen die Chinesen zweistellige Ziffern, weil ein Paar Dualität und Harmonie bedeutet, z.B. 11, 22, 88, 99. Die 1 ist eine vollkommene und spirituelle Zahl und an sich nicht nachteilig.

Die acht Abschnitte des Feng Shui-Maßes und ihre Bedeutung

Abschnitt	Maße	Bezeichnung	Bedeutung
I	0 - 5,4 cm	TS'AI	Reichtum
II	5,5 - 10,7 cm	PING	Krankheit
III	10,8 - 16,1 cm	LI	Trennung
IV	16,2 - 21,4 cm	I	Gerechtigkeit
V	21,5 - 26,8 cm	KUAN	Gutes Gelingen
VI	26,9 - 32,1 cm	CHIEH	Raub
VII	32,2 - 37,5 cm	HAI	Unfall
VIII	37,5 - 42,9 cm	PEN	Ursprung

Günstige Maße
a) 0 - 5 3/8 cm
b) 16 1/8 - 25 7/8 cm
c) 37 5/8 - 48 3/8 cm
d) das Vielfache von 43,
z.B. 4300 cm, 4343 cm
e) das Vielfache von 43 addiert mit a) b) c)

Ungünstige Maße
a) 5 3/8 - 16 1/8 cm
b) 26 7/8 - 37 5/8 cm
c) das Vielfache von 43,
addiert mit a) oder b),
z.B. 4306 cm, 4330 cm

10

DAS CHINESISCHE FENG SHUI-LINEAL

Viele Feng Shui-Experten glauben, daß bestimmte Raum- und Größenverhältnisse erfolgsfördernd sind. Aus diesem Grund benutzen chinesische Tischler, Maurer und Geomantiespezialisten sehr häufig ein spezielles Lineal (Ting-Lan), das die günstigen und ungünstigen Maße zeigt. Die hierfür verwendete Maßeinheit ist einzigartig. Sie errechnet sich aus der Länge der Diagonale eines Vierecks, wobei eine Seite dieses Vierecks genau ein chinesisches Fuß mißt. Dieser Faktor, die Quadratwurzel aus 2 ist auch in der westlichen Mathematik als Goldener Schnitt bekannt. Er hat bei den Chinesen eine geradezu mystische Bedeutung.

Im Gegensatz zu dem allgemein verwendeten chinesischen Fuß, das in zehn Zoll aufgeteilt ist, wird das Feng Shui-Fuß auf dem Ting-Lan-Lineal in acht Einheiten aufgeteilt, damit jede Einheit mit einem Trigramm (aus den acht möglichen Trigrammen) übereinstimmt. Außer dem dritten Abschnitt LI haben die anderen Abschnitte jedoch nicht mehr die ursprünglichen Trigrammnamen, sondern ihre eigenen Bezeichnungen.

Ein Feng Shui-Fuß mißt knapp 43 cm, das ist z.B. die durchschnittliche Größe asiatischer Briefkästen. Damit soll sichergestellt sein, daß die darin befindlichen Briefe und Dokumente von Wohlstand umgeben sind. Auch Türen oder Fenster in günstigen Feng Shui-Maßen gelten als erfolgsfördernd.

Auf dem Feng Shui- Lineal sind die günstigen Abschnitte in Rot, die ungünstigen in Schwarz gekennzeichnet. Auf manchen Maßbändern gibt es noch eine zweite Skala mit zehn Abschnitten, die beim Grab-Feng Shui verwendet wird.

Zusammenfassung der Haupt- und Unterabschnitte

Abschnitt 1 - CHAI - Reichtum
0 - 5, 37 cm
a) Reichtum kommt
b) Schatzkiste
c) Sechs Harmonien und Glück
d) Großer Reichtum

Abschnitt 2 - PING - Krankheit
5, 38 - 10,74 cm
a) Verlust des Vermögens
b) Schlechte Erfahrungen mit Behörden
c) Bei Nichteinhaltung der Gesetze
   droht Gefängnis
d) Waise, Witwe, Witwer

Abschnitt 3 - LI - Trennung
10,75 - 16,11 cm
a) Reichtum wird verwehrt
b) Geldraub
c) Betrug
d) Vollständiger Verlust

Abschnitt 4 - YI - Großmut und Integrität
16,12 - 21,48 cm
a) Reiche Nachkommenschaft
b) Profitables Einkommen
c) Talentierte Nachkommen
d) Viel Glück und Wohlstand

Abschnitt 5 - KWAN - Macht der Behörden
21,49 - 26, 85 cm
a) Lebensmittelreichtum
b) Nebeneinkommen
c) Verbessertes Einkommen
d) Reich und nobel

Abschnitt 6 - CHIEH - Katastrophe
26,86 - 32,22 cm
a) Abreise und Tod
b) Verlust von Nachkommen
c) Gezwungen, das Haus der Vorfahren zu verlassen
   Verlust der Arbeit
d) Geldverlust

Abschnitt 7 - HAI - Schaden und Verletzung
32,23 - 37,59 cm
a) Unglücke und Katastrophen
b) Möglicher Tod
c) Anfällig für Krankheiten
d) Gerichtsprozesse und Streitigkeiten

Abschnitt 8 - PEN - Quelle oder Kapital
37, 60 - 42,96 cm
a) Reichtum kommt
b) Beruflicher Aufstieg
c) Großer Reichtum kommt
d) Alles wird zu Gold

11

DAS PRINZIP DER FÜNF ELEMENTE

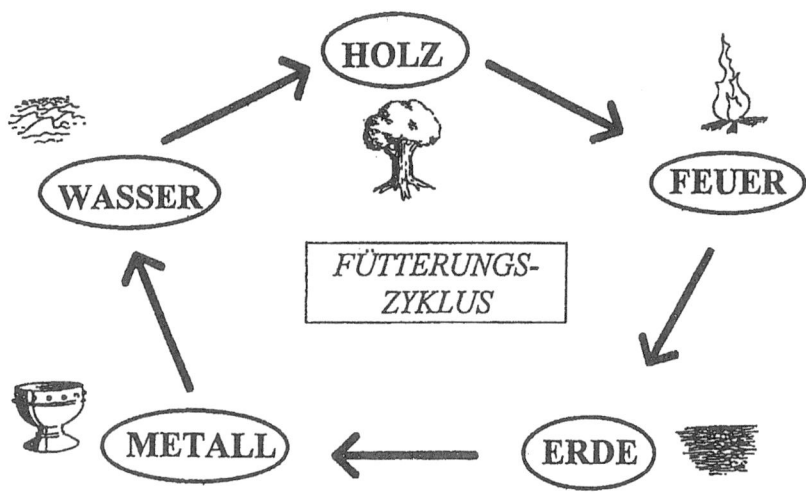

Dieser Zyklus wird auch Mutter - und - Kind - Zyklus genannt.
Die "Mutter" bringt das Kind hervor und stärkt es.

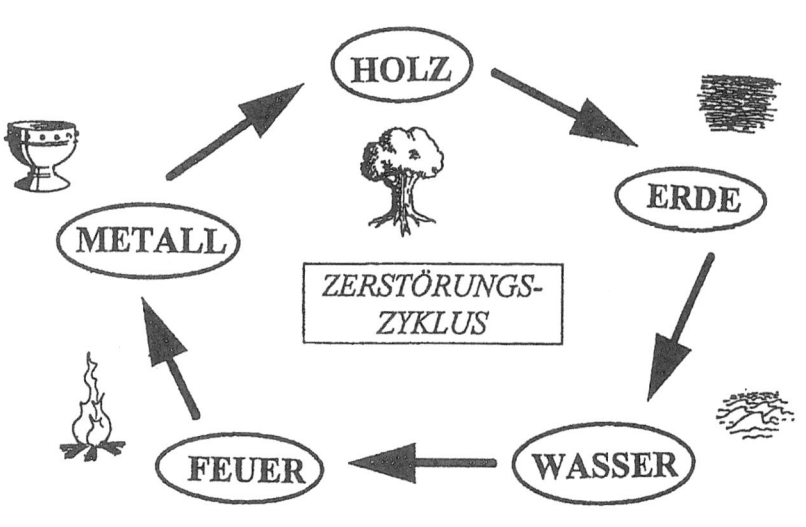

DAS GEBURTSJAHRESELEMENT

Anmerkung: Das chinesische Jahr beginnt immer an einem anderen Tag, es richtet sich nach dem zweiten Neumond nach der Wintersonnenwende.

19.02.1901	Metall	Ochse	27.01.1941	Metall	Schlange	05.02.1981	Metall	Hahn
08.02.1902	Wasser	Tiger	15.02.1942	Wasser	Pferd	25.01.1982	Wasser	Hund
29.01.1903	Wasser	Hase	05.02.1943	Wasser	Schaf	13.02.1983	Wasser	Schwein
16.02.1904	Holz	Drache	25.01.1944	Holz	Affe	02.02.1984	Holz	Ratte
04.02.1905	Holz	Schlange	13.02.1945	Holz	Hahn	20.02.1985	Holz	Ochse
25.01.1906	Feuer	Pferd	02.02.1946	Feuer	Hund	09.02.1986	Feuer	Tiger
13.02.1907	Feuer	Schaf	22.01.1947	Feuer	Schwein	29.01.1987	Feuer	Hase
02.02.1908	Erde	Affe	10.02.1948	Erde	Ratte	17.02.1988	Erde	Drache
22.01.1909	Erde	Hahn	29.01.1949	Erde	Ochse	06.02.1989	Erde	Schlange
10.02.1910	Metall	Hund	17.02.1950	Metall	Tiger	27.01.1990	Metall	Pferd
30.01.1911	Metall	Schwein	06.02.1951	Metall	Hase	15.02.1991	Metall	Schaf
18.02.1912	Wasser	Ratte	27.01.1952	Wasser	Drache	04.02.1992	Wasser	Affe
06.02.1913	Wasser	Ochse	14.02.1953	Wasser	Schlange	23.01.1993	Wasser	Hahn
26.01.1914	Holz	Tiger	03.02.1954	Holz	Pferd	10.02.1994	Holz	Hund
14.02.1915	Holz	Hase	24.01.1955	Holz	Schaf	31.01.1995	Holz	Schwein
03.02.1916	Feuer	Drache	12.02.1956	Feuer	Affe	19.02.1996	Feuer	Ratte
23.01.1917	Feuer	Schlange	31.01.1957	Feuer	Hahn	07.02.1997	Feuer	Ochse
11.02.1918	Erde	Pferd	18.02.1958	Erde	Hund	28.01.1998	Erde	Tiger
01.02.1919	Erde	Schaf	08.02.1959	Erde	Schwein	16.02.1999	Erde	Hase
20.02.1920	Metall	Affe	28.01.1960	Metall	Ratte	05.02.2000	Metall	Drache
08.02.1921	Metall	Hahn	15.02.1961	Metall	Ochse	24.01.2001	Metall	Schlange
28.01.1922	Wasser	Hund	05.02.1962	Wasser	Tiger	12.02.2002	Wasser	Pferd
16.02.1923	Wasser	Schwein	25.01.1963	Wasser	Hase	01.02.2003	Wasser	Schaf
05.02.1924	Holz	Ratte	13.02.1964	Holz	Drache	22.01.2004	Holz	Affe
25.01.1925	Holz	Ochse	02.02.1965	Holz	Schlange	09.02.2005	Holz	Hahn
13.02.1926	Feuer	Tiger	21.01.1966	Feuer	Pferd	29.01.2006	Feuer	Hund
02.02.1927	Feuer	Hase	09.02.1967	Feuer	Schaf	18.02.2007	Feuer	Schwein
23.01.1928	Erde	Drache	30.01.1968	Erde	Affe	02.02.2008	Erde	Ratte
10.02.1929	Erde	Schlange	17.02.1969	Erde	Hahn	26.01.2009	Erde	Ochse
30.01.1930	Metall	Pferd	06.02.1970	Metall	Hund	14.01.2010	Metall	Tiger
17.02.1931	Metall	Schaf	27.01.1971	Metall	Schwein	03.02.2011	Metall	Hase
06.02.1932	Wasser	Affe	15.02.1972	Wasser	Ratte	23.01.2012	Wasser	Drache
26.01.1933	Wasser	Hahn	03.02.1973	Wasser	Ochse	10.02.2013	Wasser	Schlange
14.02.1934	Holz	Hund	23.01.1974	Holz	Tiger	31.01.2014	Holz	Pferd
04.02.1935	Holz	Schwein	11.02.1975	Holz	Hase	19.02.2015	Holz	Schaf
24.01.1936	Feuer	Ratte	31.01.1976	Feuer	Drache	08.02.2016	Feuer	Affe
11.02.1937	Feuer	Ochse	18.02.1977	Feuer	Schlange	28.01.2017	Feuer	Hahn
31.01.1938	Erde	Tiger	07.02.1978	Erde	Pferd	16.02.2018	Erde	Hund
19.02.1939	Erde	Hase	28.01.1979	Erde	Schaf	05.02.2019	Erde	Schwein
08.02.1940	Metall	Drache	16.02.1980	Metall	Affe	25.01.2020	Metall	Ratte

DIE FÜNF ELEMENTE BEI GEBÄUDEFORMEN

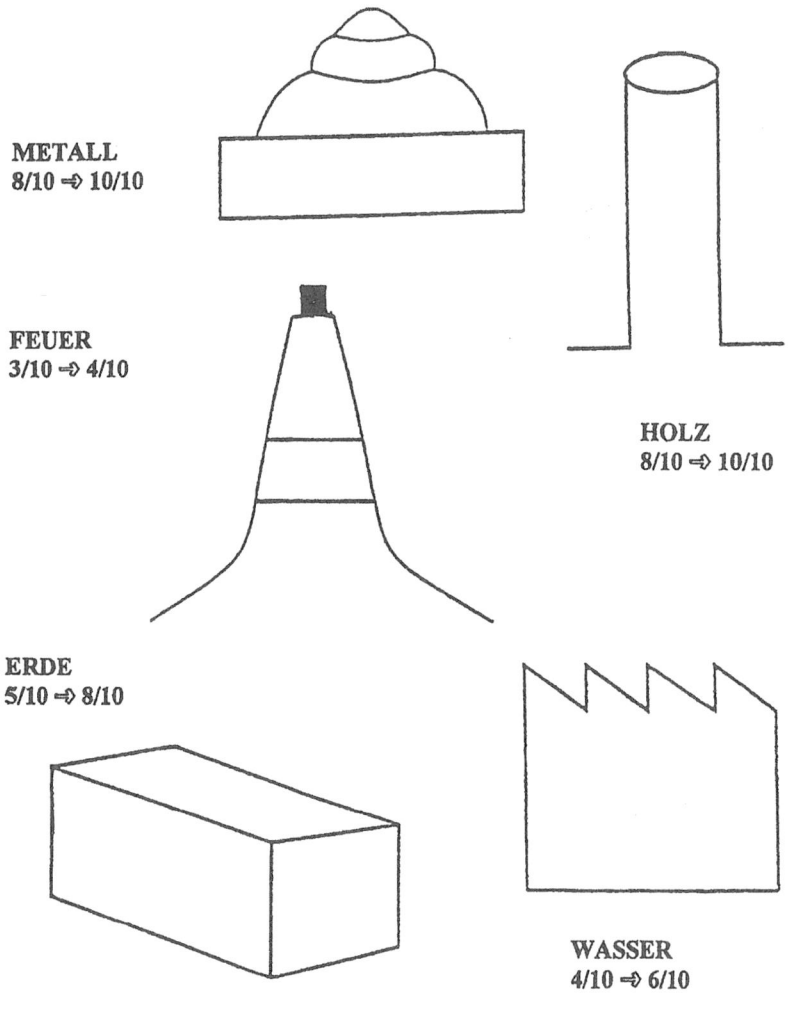

METALL
8/10 ⇨ 10/10

FEUER
3/10 ⇨ 4/10

HOLZ
8/10 ⇨ 10/10

ERDE
5/10 ⇨ 8/10

WASSER
4/10 ⇨ 6/10

DACHFORMEN

Runde oder kuppelförmige Dächer sind am besten.

Wie in der Natur - Menschen und Tiere haben ein kuppelförmiges Schädeldach, damit die Energie gehalten wird.

Mensch

Tier

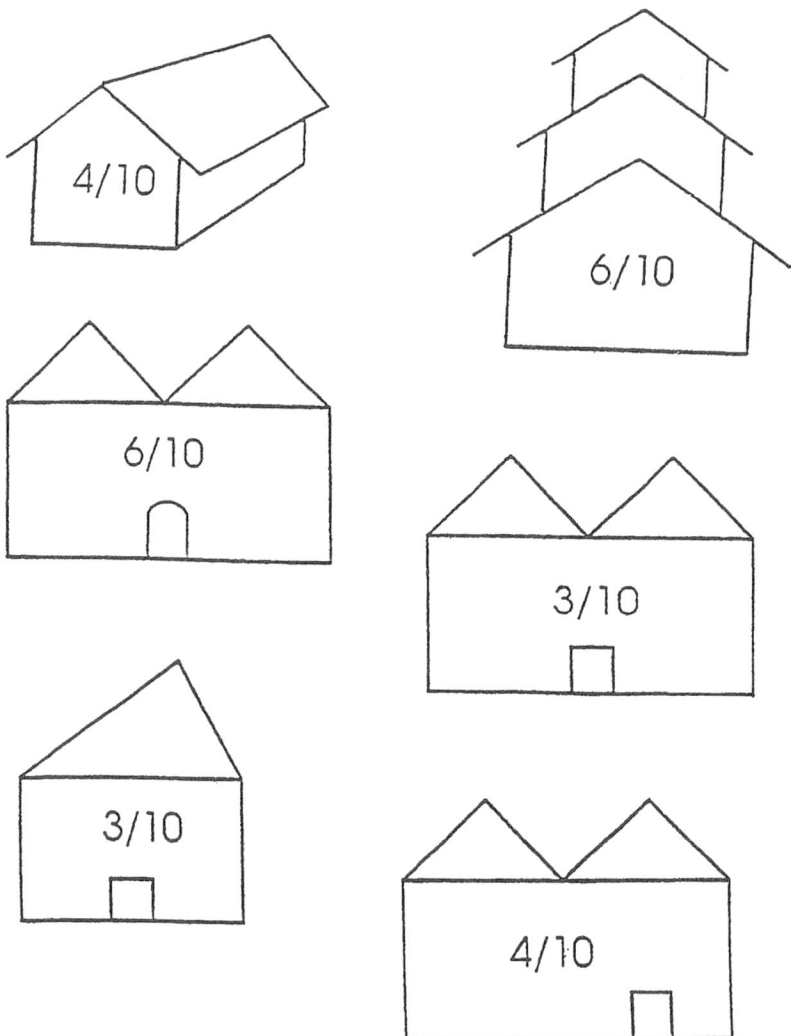

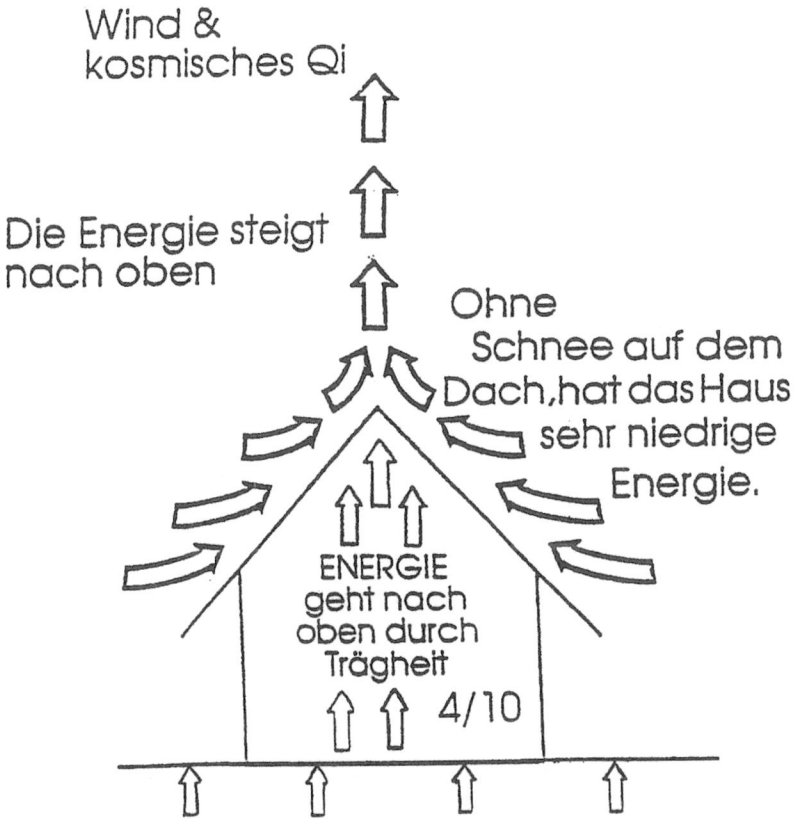

Wind &
kosmisches Qi

Die Energie steigt
nach oben

Ohne
Schnee auf dem
Dach, hat das Haus
sehr niedrige
Energie.

ENERGIE
geht nach
oben durch
Trägheit

4/10

Erdenergie wird nach oben
gezogen und verursacht
Feuchtigkeit und Schimmel
im Haus

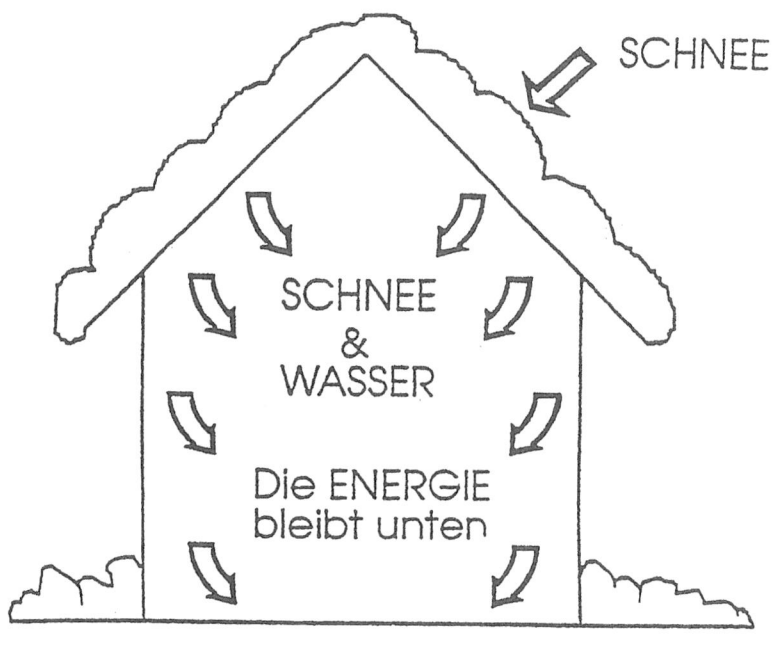

Schnee auf dem Dach -

Das Haus hat hohe Energie

10 / 10

ABHILFEN BEI PYRAMIDENDÄCHERN/SATTELDÄCHERN

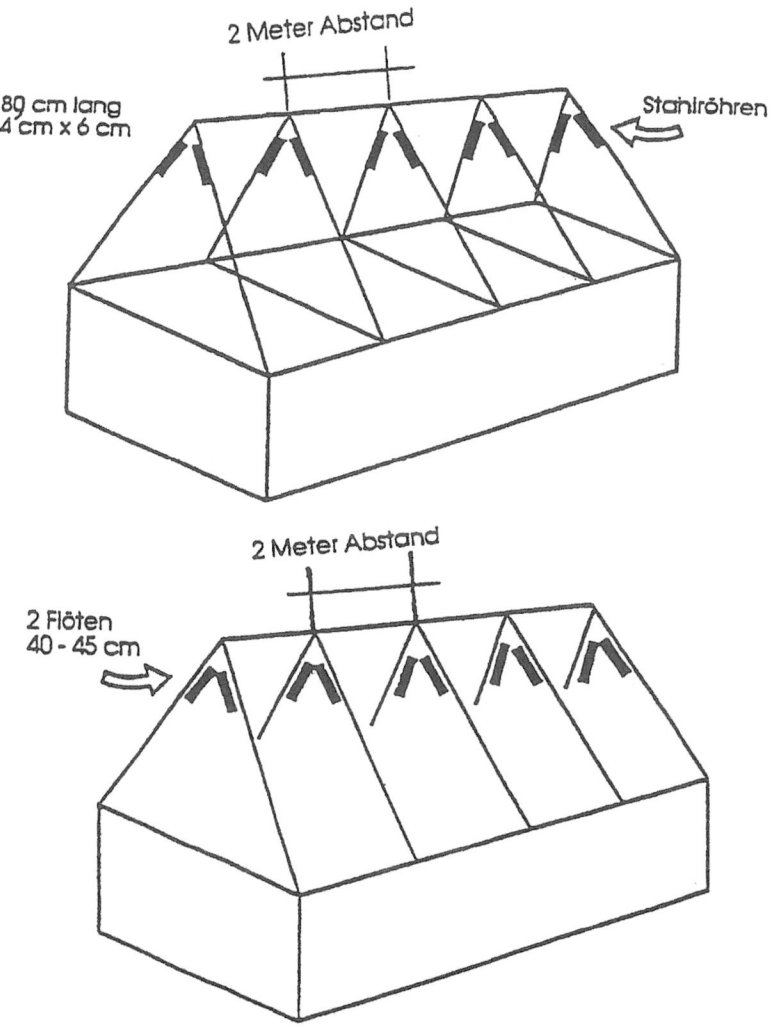

2 Meter Abstand

89 cm lang
4 cm x 6 cm

Stahlröhren

2 Meter Abstand

2 Flöten
40 - 45 cm

19

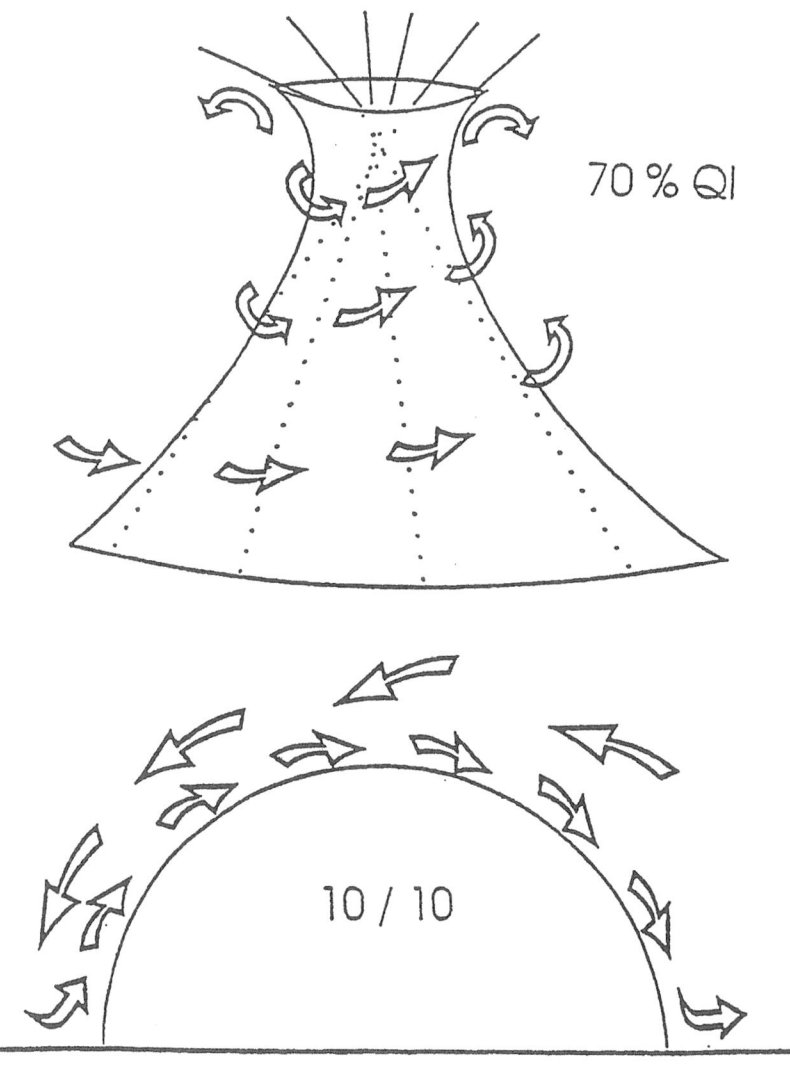

70 % QI

10 / 10

GÜNSTIGE DACHFORMEN

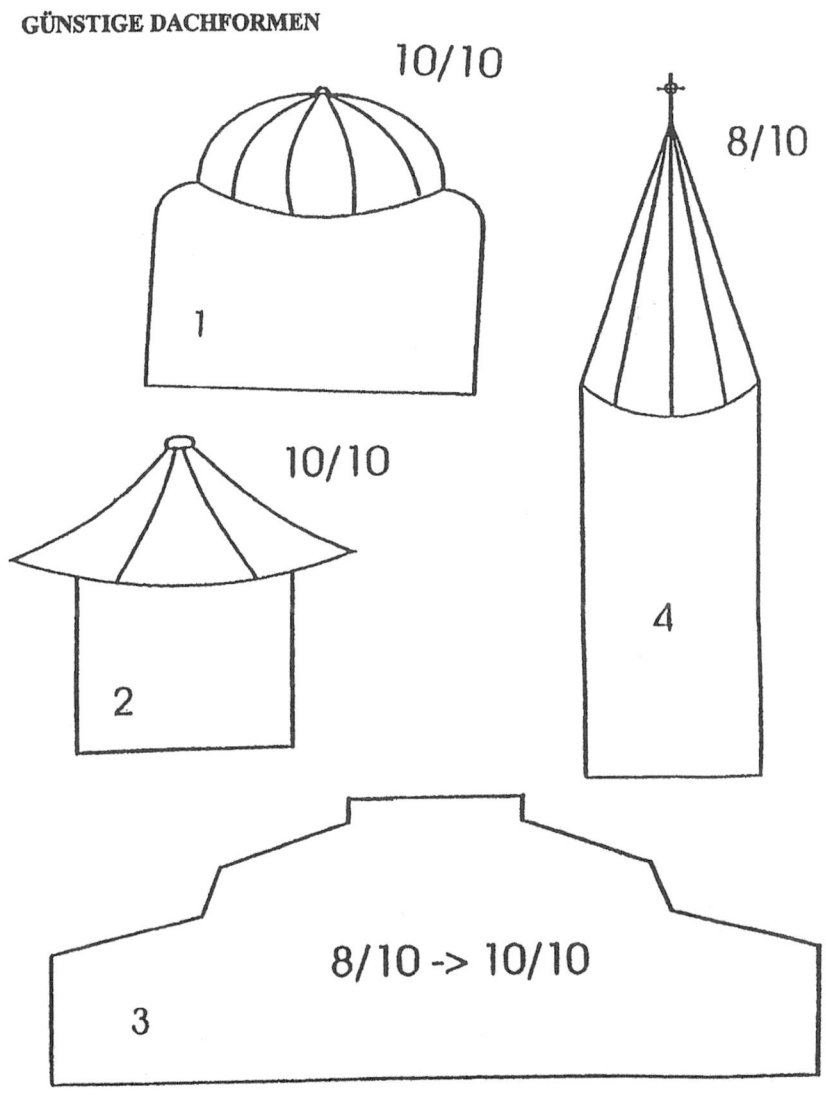

10/10

10/10

8/10

8/10 -> 10/10

1

2

3

4

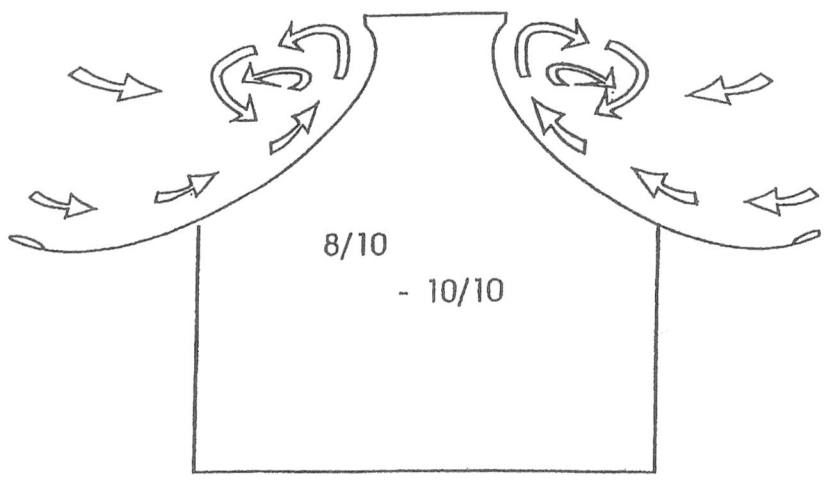

8/10
- 10/10

100%

22

DIE IDEALE WOHN- ODER GRABSTÄTTE

Der Drache und der Tiger
Ein ideales Grundstück für die Lebenden wie für die Verstorbenen sollte von der Lage her an einen Drachen und einen Tiger erinnern (siehe Abbildung unten).
Eine günstiges Grundstück fördert den Erfolg und den Wohlstand der Bewohner oder der Angehörigen. Man stellt sich vor, in der Haustür zu stehen und nach draußen zu schauen. Auf der linken Seite sollte sich ein höherer Hügel befinden, der wie ein mit dem Kopf nach vorne gerichteter Drache aussieht. Auf der rechten Seite sollten sich niedrigere Hügel befinden, damit verbrauchte Luft und Energie abfließen können.
Hinter dem Haus kann ein Hügel (Schildkröte) das Abfließen des guten Qi verhindern und gleichzeitig eine Rückendeckung bieten. Grundsätzlich gilt es als günstig, einen See oder Fluß auf dem Grundstück zu haben.
Bei einem Fluß sollte die Flußschleife zum Haus hin zeigen. Vor dem Grundstück sollten sich keine Hindernisse erheben, damit der symbolische Phönix freie Sicht nach vorn hat.
Häuser und Grabstätten sollten nie entlang des Drachenkörpers gebaut werden, weil die Energie dort zu stark ist.

rechts   links

TECHNIKEN ZUR BESTIMMUNG POSITIVER UND NEGATIVER KOSMISCHER ENERGIE

1) Chinesischer Geomantie-Kompaß

2) Kinesiologische Techniken, die das Immunsystem testen

3) Pendel und Wünschelrute

4) Geistige, hochsensible Techniken

5) Kirlian-Photographie des maßstabsgetreuen Modells unter Verwendung von Originalmaterialien, eingebettet in die Landschaft und unter gleichen Umweltbedingungen. Anhand der Aufnahme wir die kosmische Energie des Gebäudes geschätzt.

Anmerkung: Manche Tiere wie z.B. Vögel, Delphine, Lachse, Tauben und Aale sind mit einer hochsensiblen Technik, vergleichbar mit einem Radar oder einem Radioempfänger ausgestattet. Mit Hilfe dieses „Meßgerätes" können z.B. Fische nach ihrer Geburt Tausende von Kilometern zurücklegen, um ihren Lebensraum und ihre Laichgründe zu erreichen.

AUSWAHL EINES GRUNDSTÜCKS

1) Bestimmung der Boden-/Landenergie.

2) Testen, ob sich auf dem Land, wo das Haus stehen soll, alte Gräber oder ein ehemaliger Ritualplatz befindet.

3) Testen, ob das Grundstück geopathische Störfelder hat.

4) Testen, ob der Boden giftige Chemikalien enthält oder andere Schadstoffbelastungen aufweist.

5) Testen, ob das Land in Harmonie mit dem Haus und dessen Besitzern ist.

6) Das Land muß sich mindestens 150 Meter von Starkstrom- und Überlandleitungen befinden. Im Umkreis von ½ Kilometer sollten sich weder Fernsehsender oder Mobilfunkstationen befinden.

7) Testen, ob das Grundstück eine feste Bodenstruktur hat und nicht durch Erdrutsche gefährdet ist.

EIN BAURITUAL IST PFLICHT

WIRKUNG VON UNTERIRDISCHEN WASSERADERN

Querschnitt

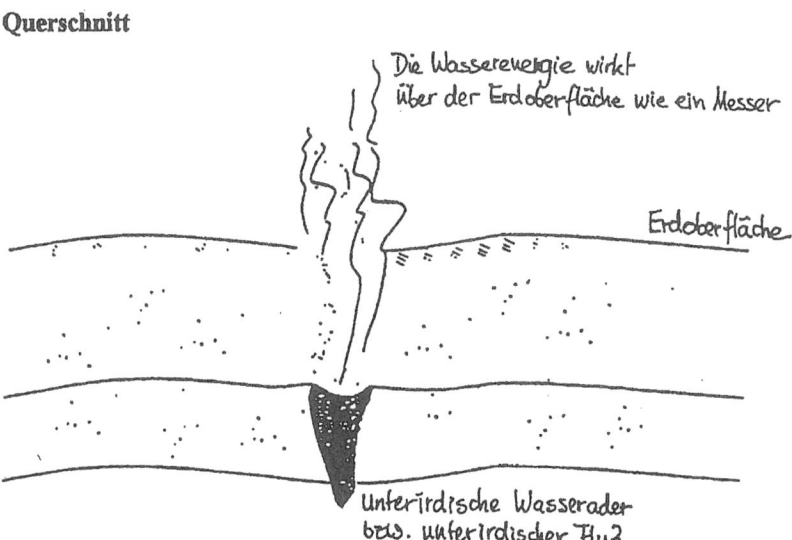

Die Wasserenergie wirkt
über der Erdoberfläche wie ein Messer

Erdoberfläche

Unterirdische Wasserader
bzw. unterirdischer Fluß

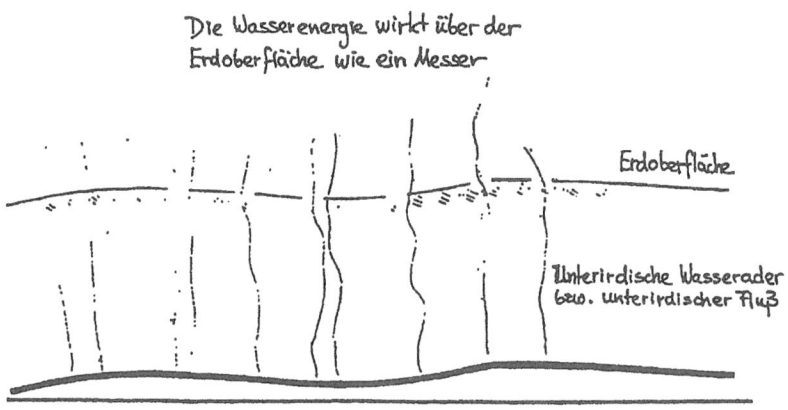

Die Wasserenergie wirkt über der
Erdoberfläche wie ein Messer

Erdoberfläche

Unterirdische Wasserader
bzw. unterirdischer Fluß

METHODEN ZUR NEUTRALISIERUNG VON ERDSTRAHLEN/WASSERADERN

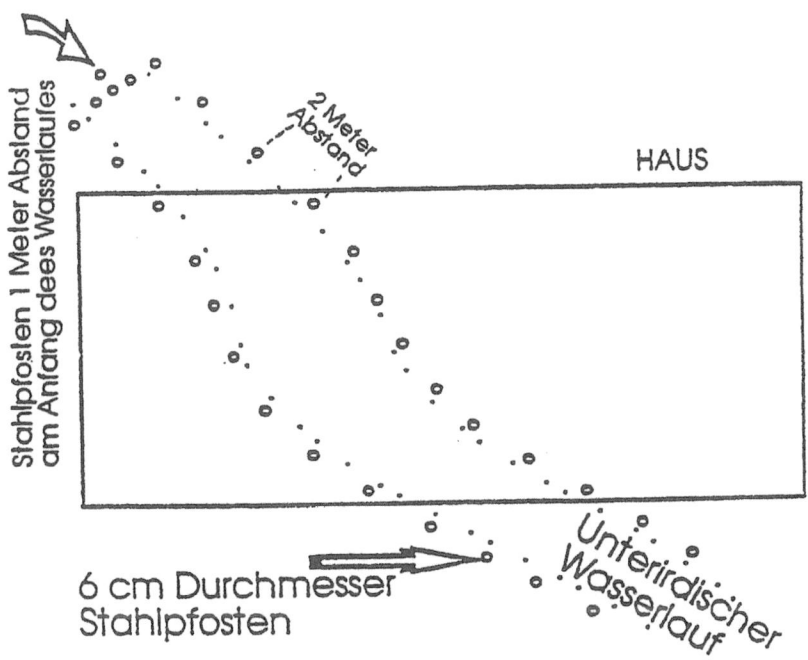

Stahlpfosten 1 Meter Abstand am Anfang dees Wasserlaufes

2 Meter Abstand

HAUS

6 cm Durchmesser Stahlpfosten

Unterirdischer Wasserlauf

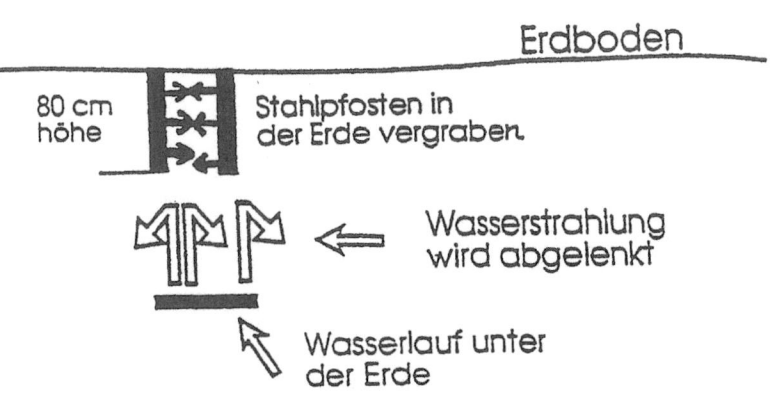

Erdboden

80 cm höhe

Stahlpfosten in der Erde vergraben.

Wasserstrahlung wird abgelenkt

Wasserlauf unter der Erde

UNTERSUCHUNG DES GRUNDSTÜCKS AUF GEOPATHISCHE STÖRUNGEN

Unterteilen Sie das Grundstück z.B. in 25 Quadranten, die Sie numerieren. Gehen Sie jeden Quadranten ab und markieren Sie die geopathischen Störungen.

Vorderseite

Wasser-ader

Rückseite

LAGE DES HAUSES

POSITIV   NEGATIV

LAGE DES HAUSES

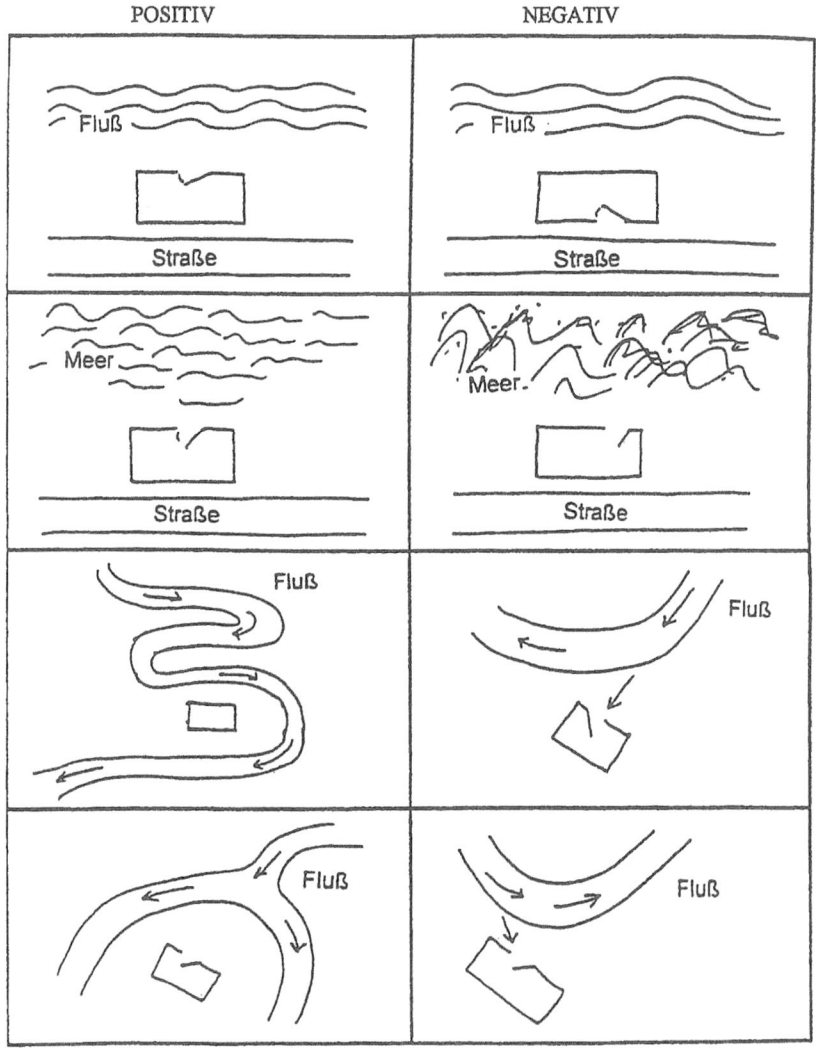

30

NEGATIVE AUSWIRKUNGEN VON SACKGASSEN UND T-KREUZUNGEN

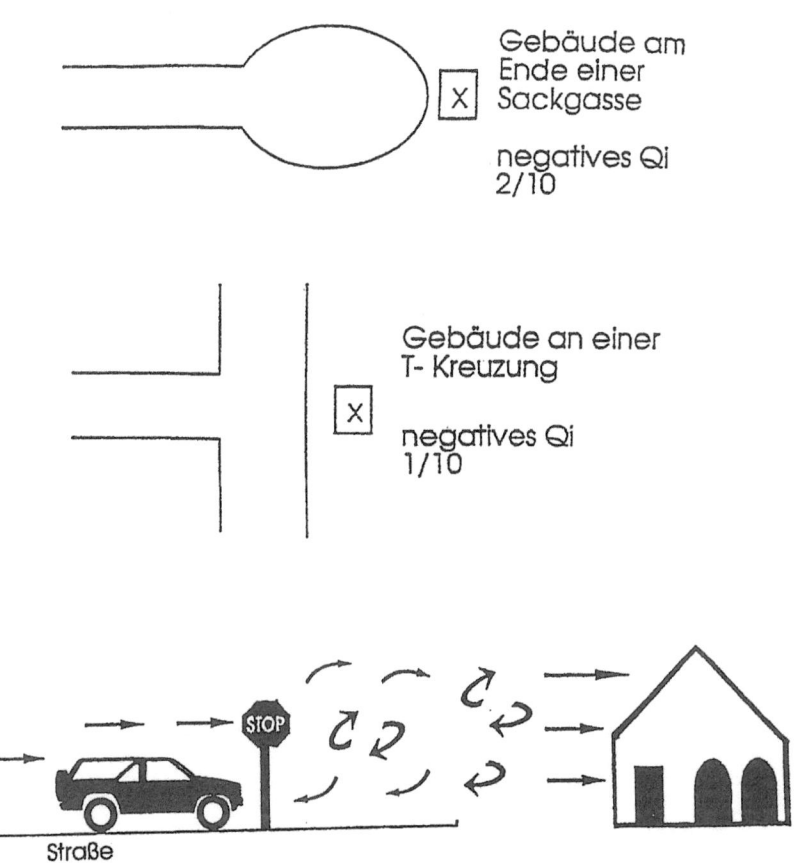

Gebäude am
Ende einer
X Sackgasse

negatives Qi
2/10

Gebäude an einer
T- Kreuzung

X

negatives Qi
1/10

Straße

NEGATIVE AUSWIRKUNGEN VON SACKGASSEN

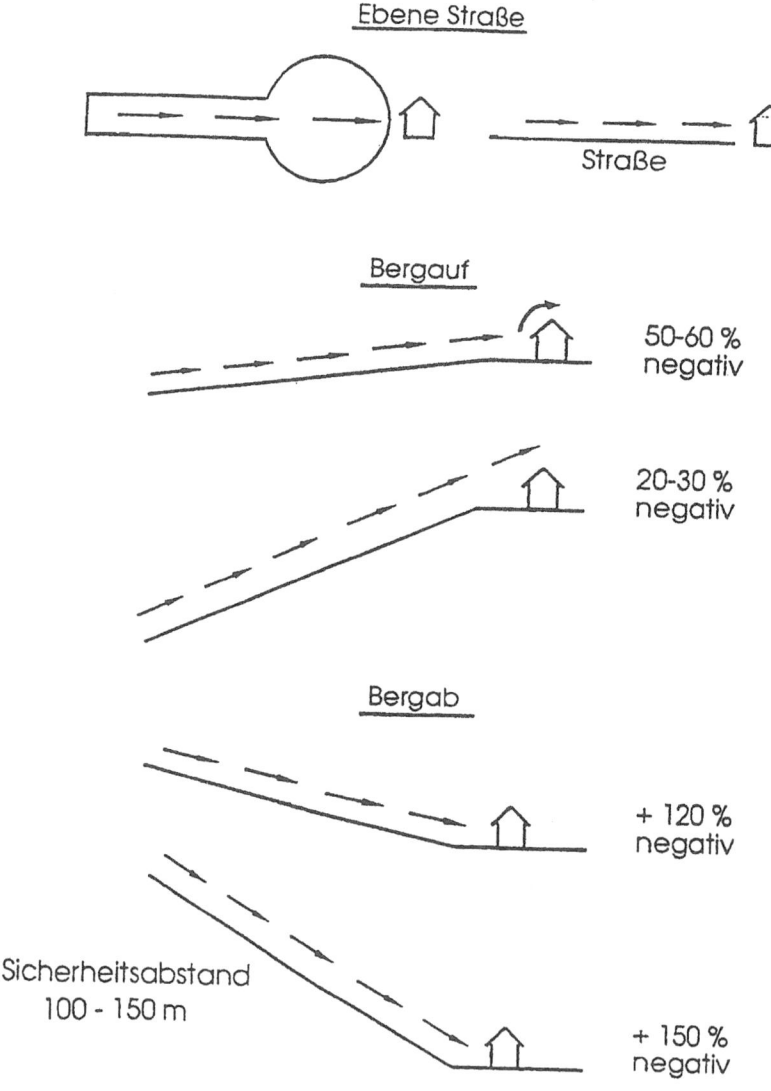

Ebene Straße

Straße

Bergauf

50-60 %
negativ

20-30 %
negativ

Bergab

+ 120 %
negativ

Sicherheitsabstand
100 - 150 m

+ 150 %
negativ

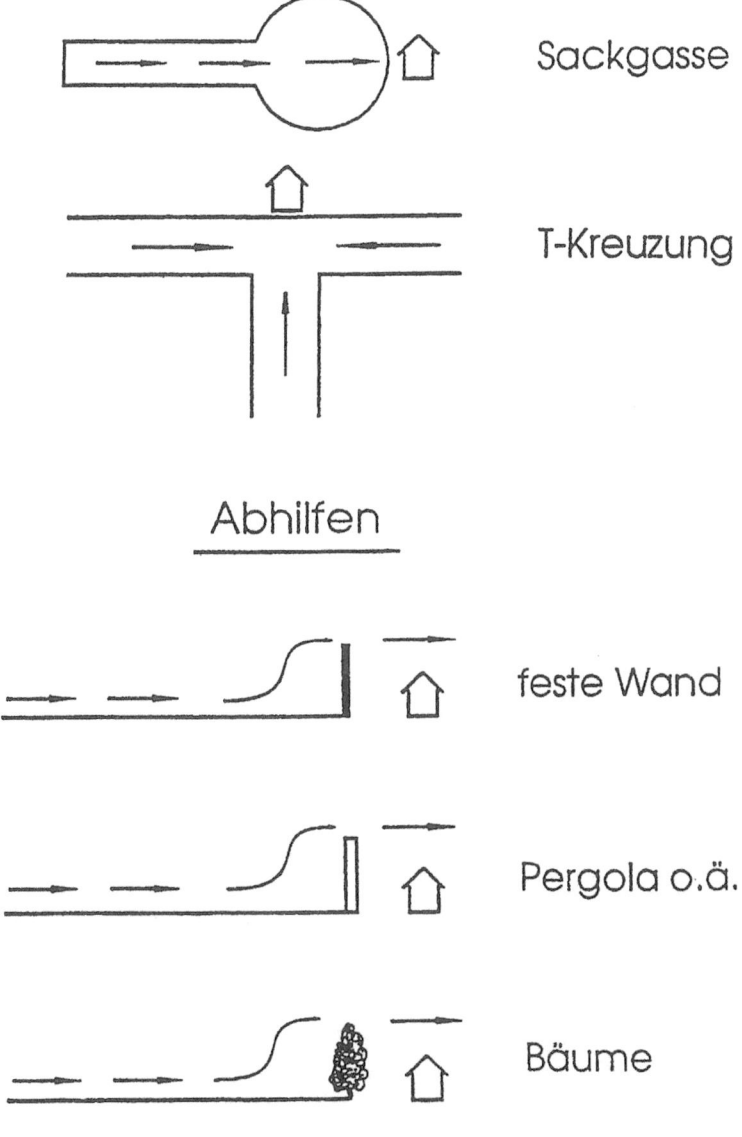

Sackgasse

T-Kreuzung

Abhilfen

feste Wand

Pergola o.ä.

Bäume

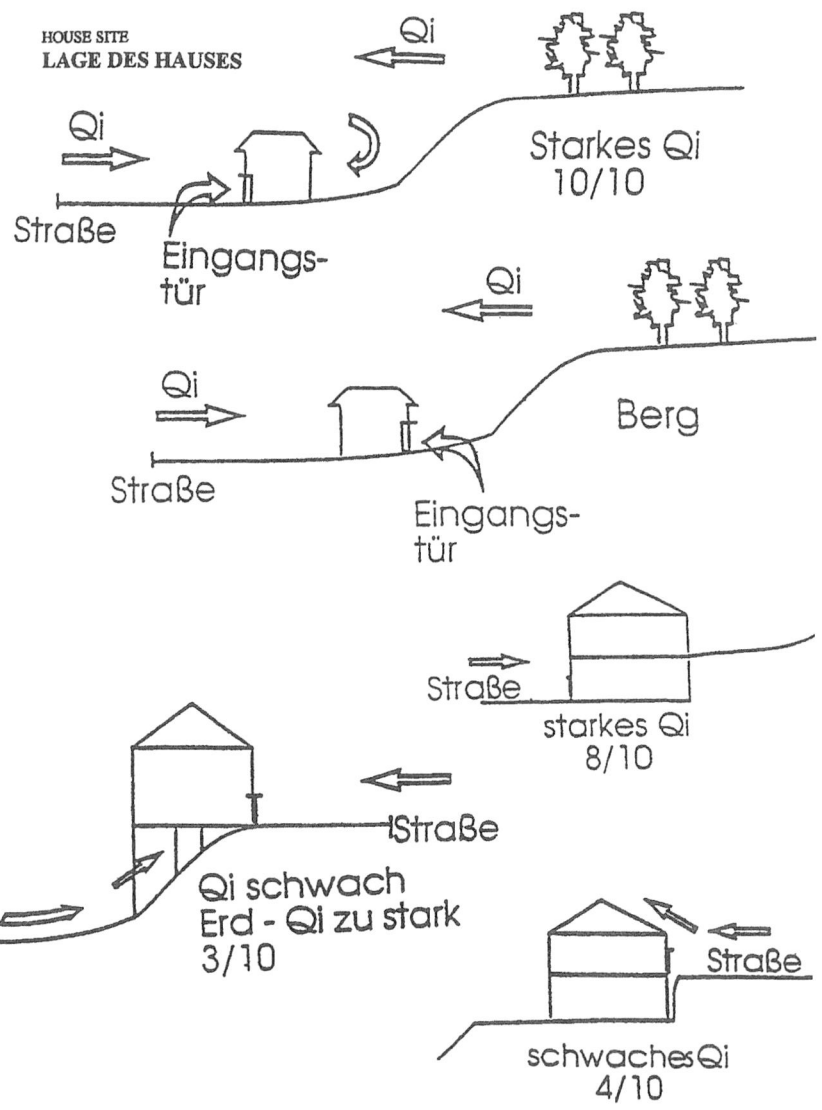

Qi

Starkes Qi
10/10

Qi

Straße

Eingangs-
tür

Qi

Berg

Qi

Straße

Eingangs-
tür

Straße

starkes Qi
8/10

Straße

Qi schwach
Erd - Qi zu stark
3/10

Straße

schwaches Qi
4/10

34

ANGRIFFE AUF DAS HAUS

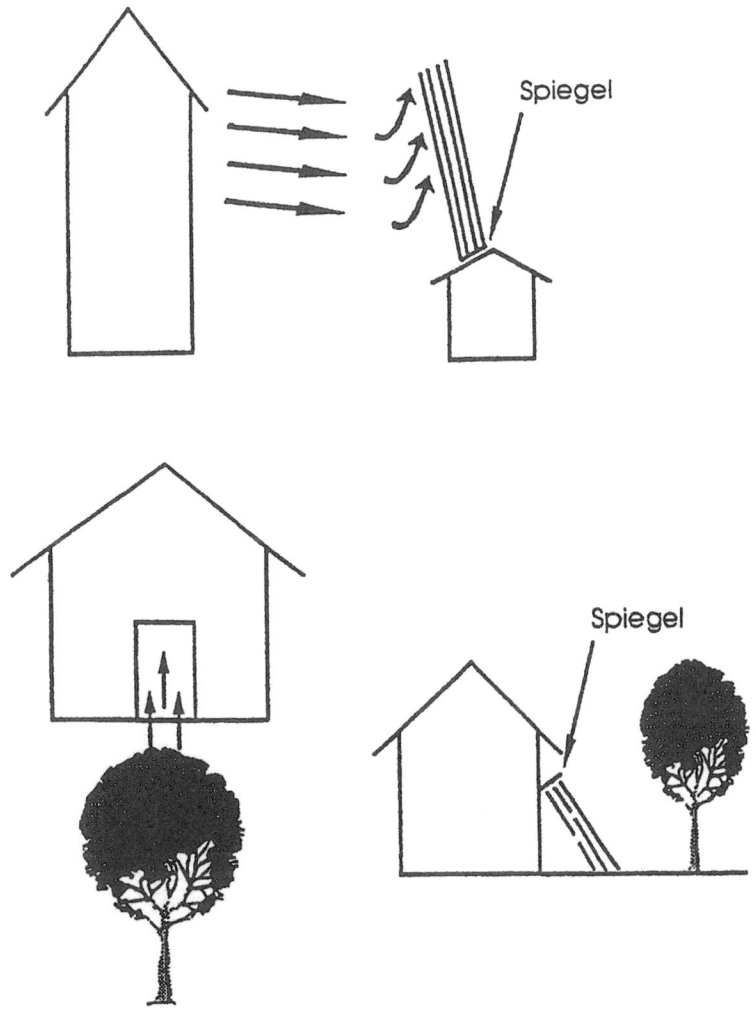

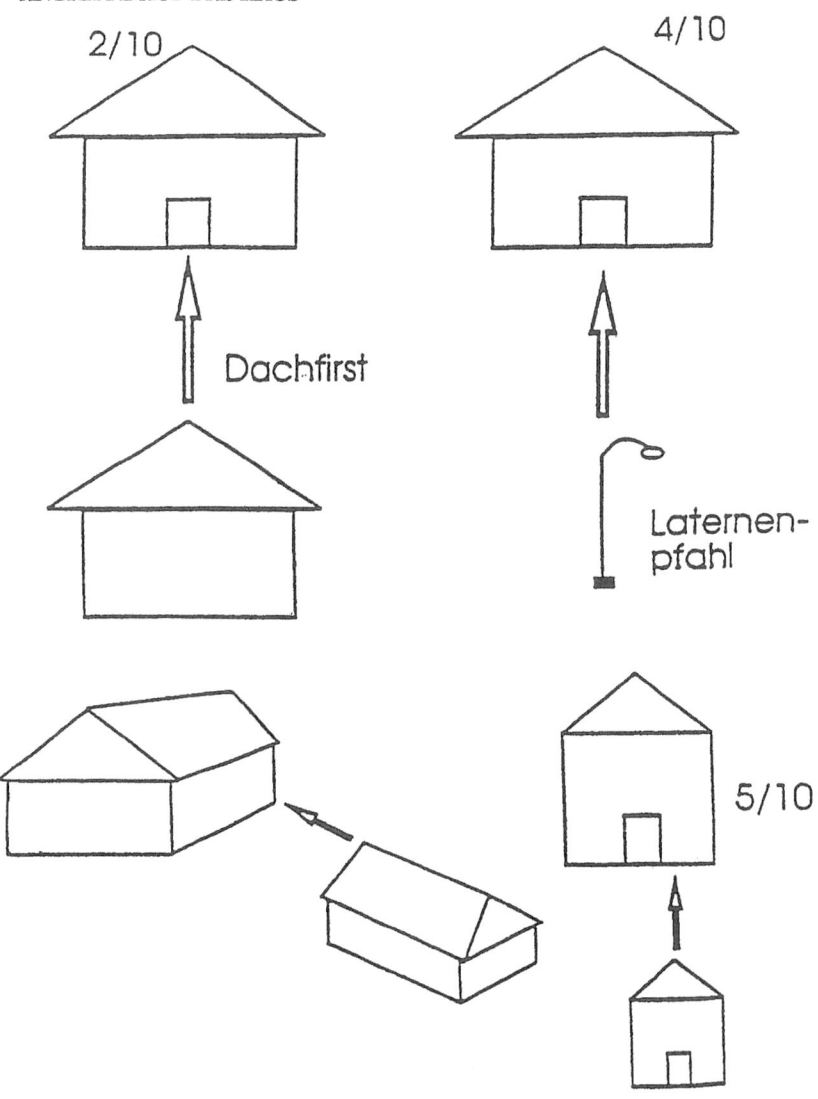

2/10

4/10

Dachfirst

Laternen-
pfahl

5/10

NEGATIVE DACHGIEBEL UND ABHILFEN

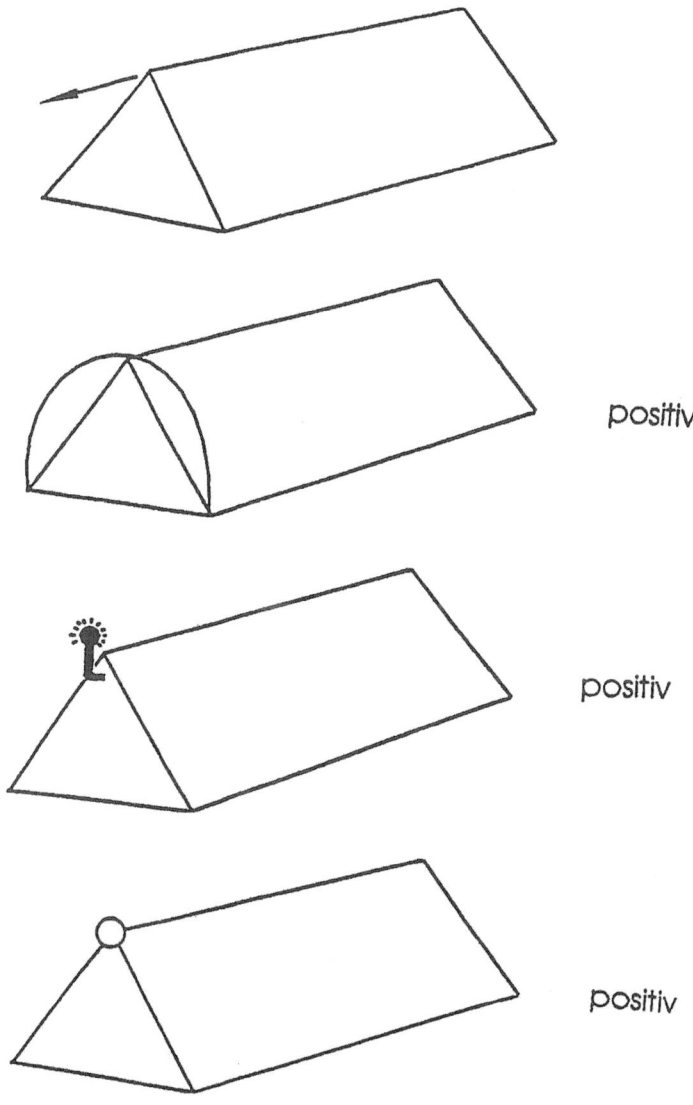

positiv

positiv

positiv

37

PENDELSKALA ZUR FESTSTELLUNG VON GEBÄUDE-
UND RAUMENERGIE

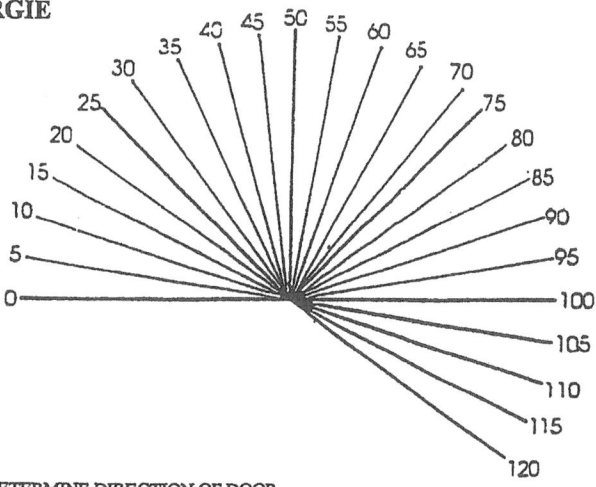

PENDULUM SCALE TO DETERMINE DIRECTION OF DOOR
PENDELVORLAGE ZUR BESTIMMUNG DER TÜRAUSRICHTUNG

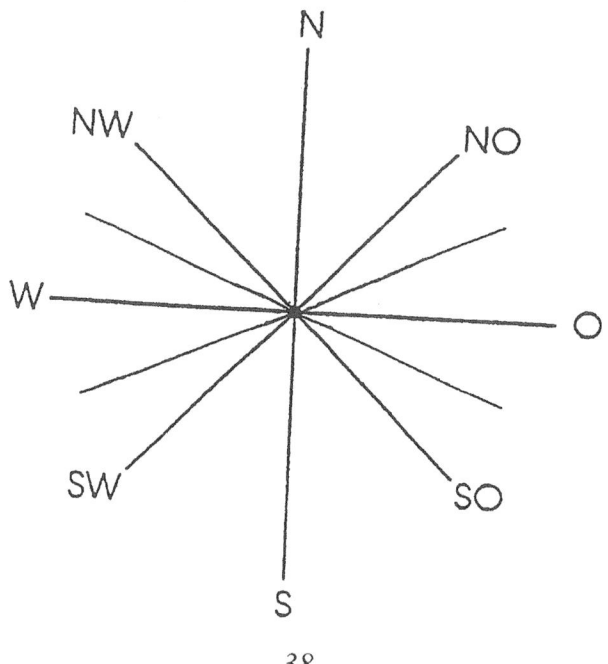

EINGANGS- UND HINTERTÜREN

1) Die Vorderseite des Gebäudes sollte in fünf Teile unterteilt werden. Dann wird der Bereich für die Tür ausgewählt, über den die höchste kosmische Energie in das Gebäude einfließen kann.

2) Nachdem die beste Türposition ausgewählt ist, muß man sich vergewissern, daß sich außerhalb auf Höhe der Tür keine Blockaden wie Laternenpfähle, Hochspannungsmasten oder angreifende Dachfirste befinden.

3) Hintertüren sollten immer diagonal zur Vordertür liegen. In Wohnungen, die keine Hintertür haben, sollte eine symbolische Hintertür z.B. durch ein Türposter markiert werden.

Vorderseite

| 1 | 2 | 3 | 4 | 5 |

Gebäudegrundriß

Rückseite

TABELLEN ZUR BESTIMMUNG DER TÜRAUSRICHTUNG

MÄNNER

SW	O	SO	SW	NW	W	NO	S	N
1917	1916	1915	1914	1913	1912	1911	1910	1909
1926	1925	1924	1923	1922	1921	1920	1919	1918
1935	1934	1933	1932	1931	1930	1929	1928	1927
1944	1943	1942	1941	1940	1939	1938	1937	1936
1953	1952	1951	1950	1949	1948	1947	1946	1945
1962	1961	1960	1959	1958	1957	1956	1955	1954
1971	1970	1969	1968	1967	1966	1965	1964	1963
1980	1979	1978	1977	1976	1975	1974	1973	1972
1989	1988	1987	1986	1985	1984	1983	1982	1981
1998	1997	1996	1995	1994	1993	1992	1991	1990
2007	2006	2005	2004	2003	2002	2001	2000	1999
2016	2015	2014	2013	2012	2011	2010	2009	2008
2025	2024	2023	2022	2021	2020	2019	2018	2017
2034	2033	2032	2031	2030	2029	2028	2027	2026
2043	2042	2041	2040	2039	2038	2037	2036	2035
2052	2051	2050	2049	2048	2047	2046	2045	2044

FRAUEN

SO	O	SW	N	S	NO	W	NW	NO
1917	1916	1915	1914	1913	1912	1911	1910	1909
1926	1925	1924	1923	1922	1921	1920	1919	1918
1935	1934	1933	1932	1931	1930	1929	1928	1927
1944	1943	1942	1941	1940	1939	1938	1937	1936
1953	1952	1951	1950	1949	1948	1947	1946	1945
1962	1961	1960	1959	1958	1957	1956	1955	1954
1971	1970	1969	1968	1967	1966	1965	1964	1963
1980	1979	1978	1977	1976	1975	1974	1973	1972
1989	1988	1987	1986	1985	1984	1983	1982	1981
1998	1997	1996	1995	1994	1993	1992	1991	1990
2007	2006	2005	2004	2003	2002	2001	2000	1999
2016	2015	2014	2013	2012	2011	2010	2009	2008
2025	2024	2023	2022	2021	2020	2019	2018	2017
2034	2033	2032	2031	2030	2029	2028	2027	2026
2043	2042	2041	2040	2039	2038	2037	2036	2035
2052	2051	2050	2049	2048	2047	2046	2045	2044

DIE ZWÖLF TIERE IM CHINESISCHEN TIERKREIS

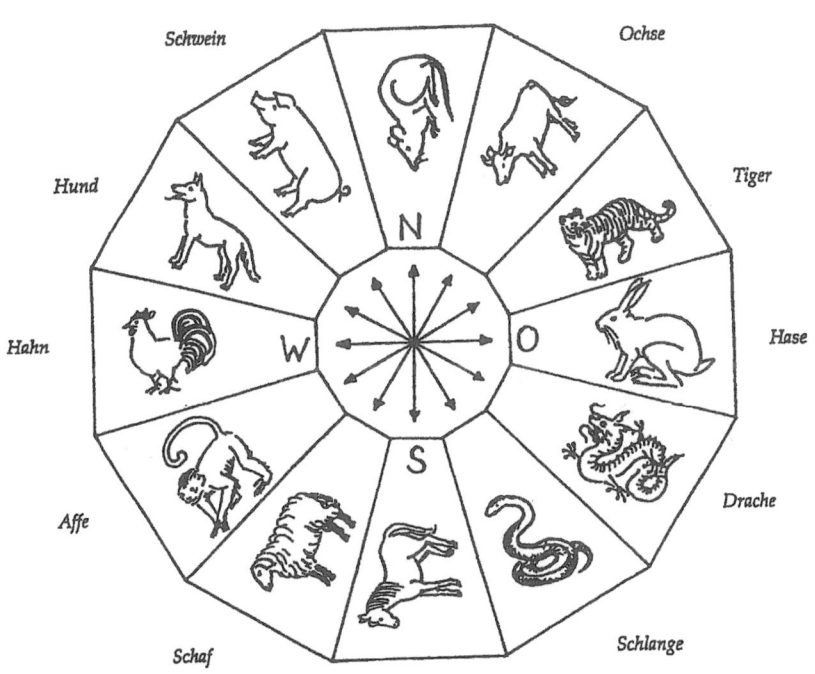

DIE ZWÖLF TIERE IM CHINESISCHEN TIERKREIS

Jedes der zwölf Tiere hat bestimmte Eigenschaften. Auf der ersten Stufe der astrologischen Analyse hat jedes Tier innerhalb eines Zyklus von zwölf Jahren gute und schlechte Jahre, was mit seiner Beziehungen zu den anderen Tieren zusammenhängt. So erfährt jedes Tier in den Jahren ungünstige Zeiten, die von dem Tier beherrscht werden, das mit ihm in Konflikt steht. Die Jahre, die Tieren zugeordnet sind, die mit ihm in Harmonie stehen, sind friedlich und fruchtbar.
Auf den höheren Ebenen der Horoskopanalyse werden komplexere Auswertungen vorgenommen, d.h. es werden die Geburtsstunde und die Wechselwirkung der Fünf Elemente berücksichtigt. Bevor man sich jedoch mit diesen Details beschäftigt, ist es nützlich, die Eigenschaften und günstigeren Phasen bei jedem Tier innerhalb des Zwölfjahreszyklus zu untersuchen.

Harmoniedreiecke zwischen den chinesischen Tierkreiszeichen

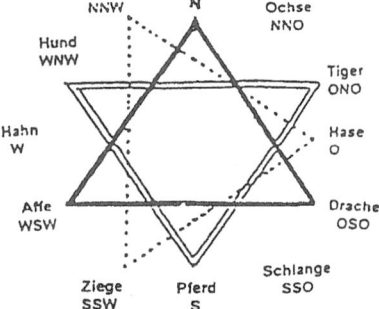

Die folgenden Tiere vertragen sich nicht:
Ratte-Pferd, Ochse-Schaf, Tiger-Affe, Hase-Hahn, Drache-Hund, Schlange-Schwein.
Nach dem Horoskop passen Tiere, die sich auf dem Kompaß gegenüberstehen, im allgemeinen nicht zueinander. Bei Kombinationen dieser Art entstehen direkte Konfrontationen, bei denen sich beide als Rivalen oder Gegner betrachten.

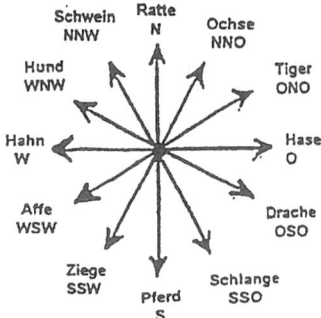

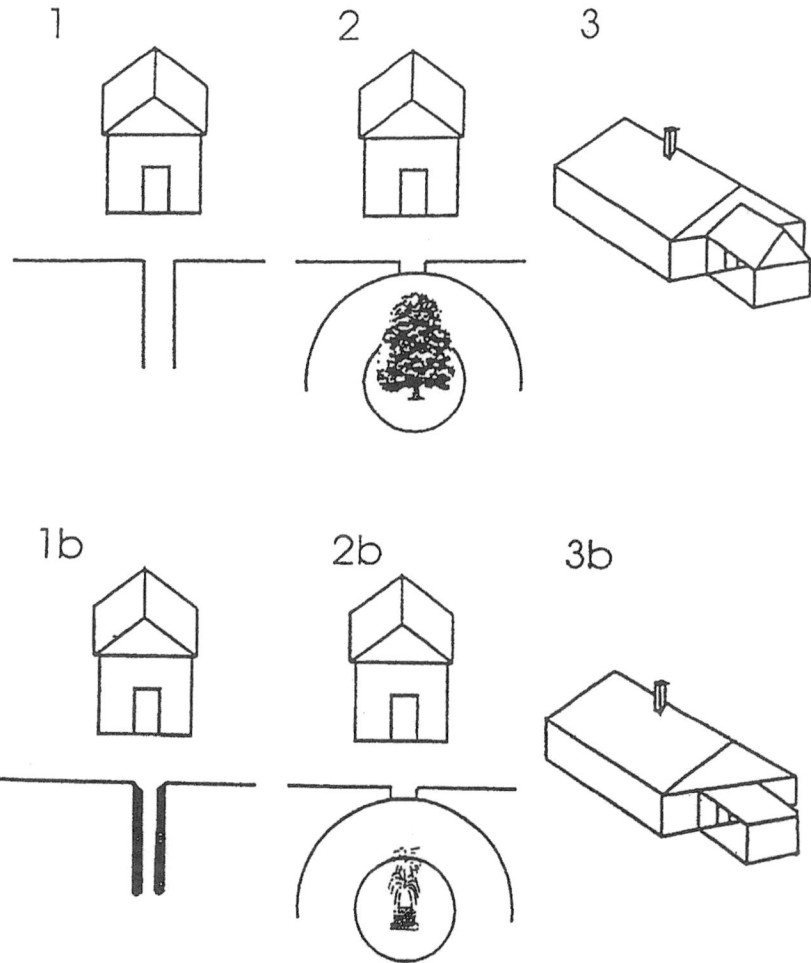

Abhilfen

LAGE VON EINGANGSTÜR, HINTERTÜR UND FENSTERN

Negative Auswirkungen von direkten Tür- und Fensterlinien

- die gesamte Energie entweicht direkt durch die Hintertür, ohne zuvor die übrigen Räume zu erreichen

- die Bewohner haben nicht genügend Qi für gute Gesundheit

- den Bewohnern mangelt es an Vitalität und Motivation, es treten Gesundheitsprobleme auf

- die Bewohner haben bei der Arbeit wenig Energie, machen mehr Fehler und zeigen mangelhafte Leistungen.

LAGE VON EINGANGS- UND HINTERTÜR

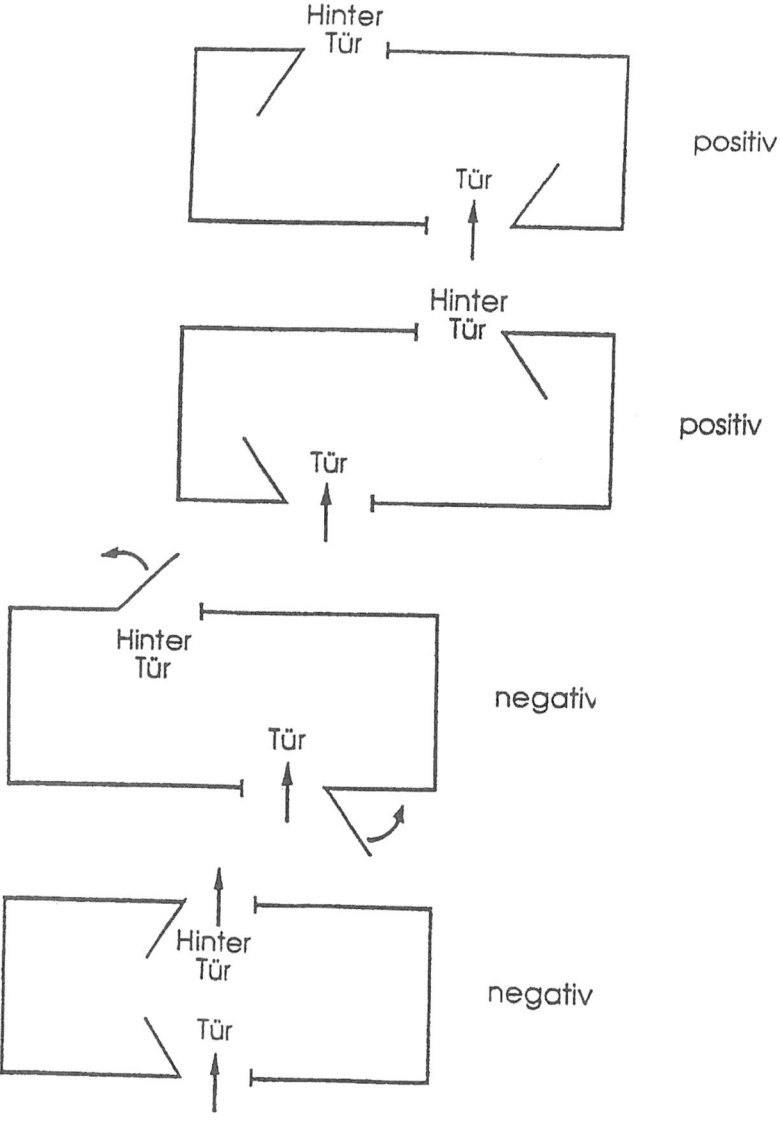

46

LAGE VON EINGANGSTÜR UND FENSTERN

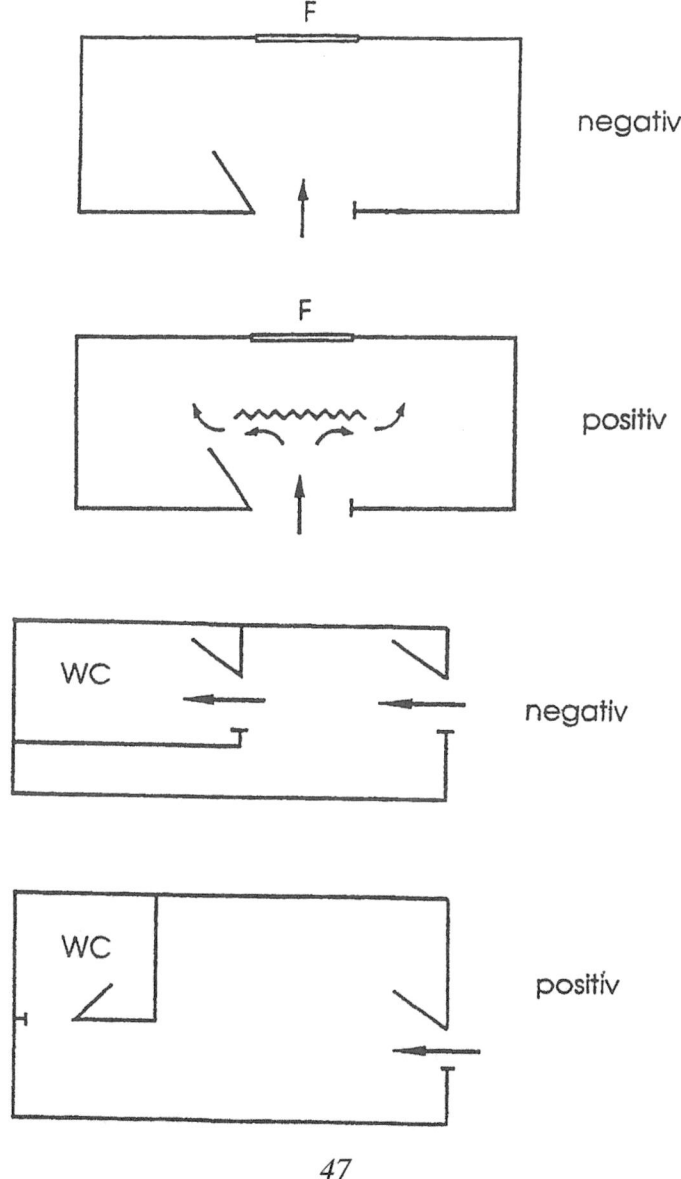

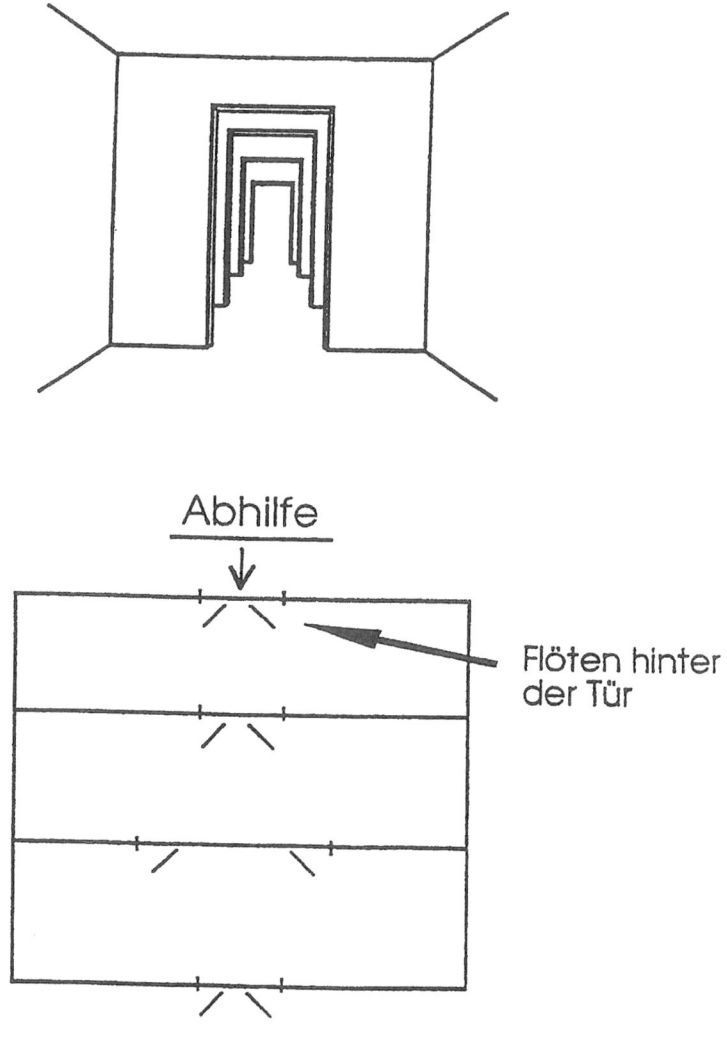

Abhilfe

Flöten hinter
der Tür

FENSTERSPROSSEN UND SYMBOLE I

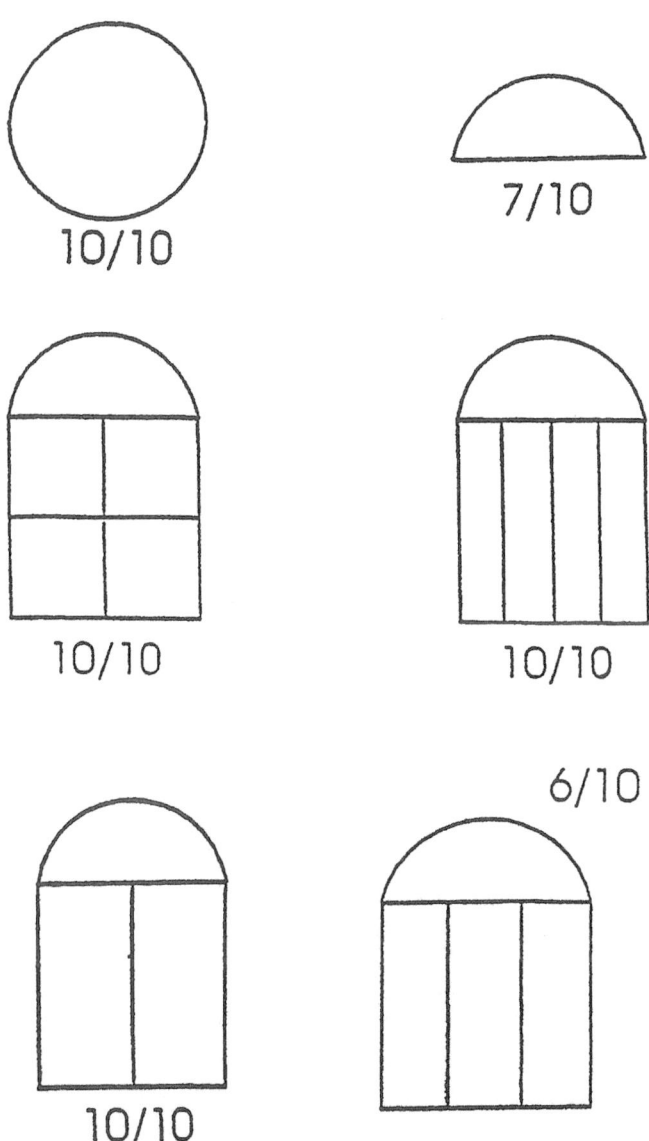

10/10

7/10

10/10

10/10

10/10

6/10

8/10

3/10

2/10

8/10

4/10

10/10

7/10

4/10

6/10

SPIEGEL IM EINGANGSBEREICH

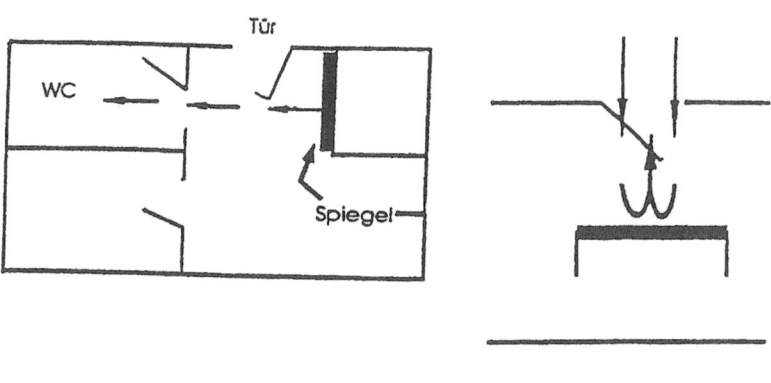

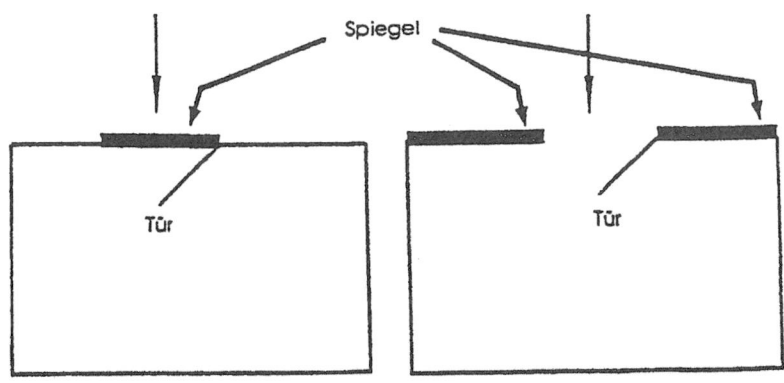

SPIEGEL IM SCHLAFZIMMER

Spiegel

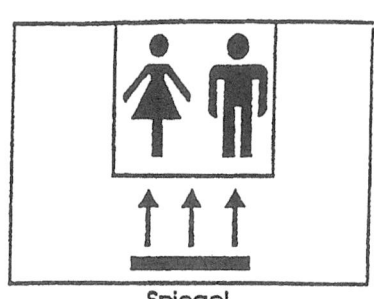

Spiegel

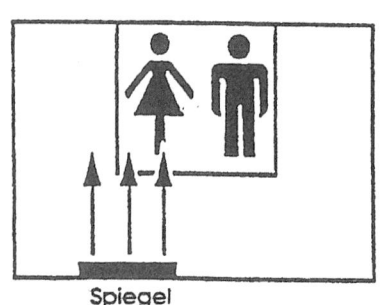

Spiegel

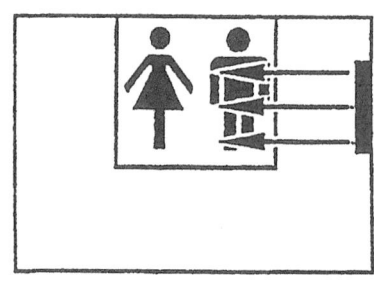

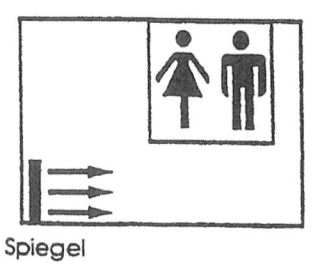

Spiegel

Spiegel

52

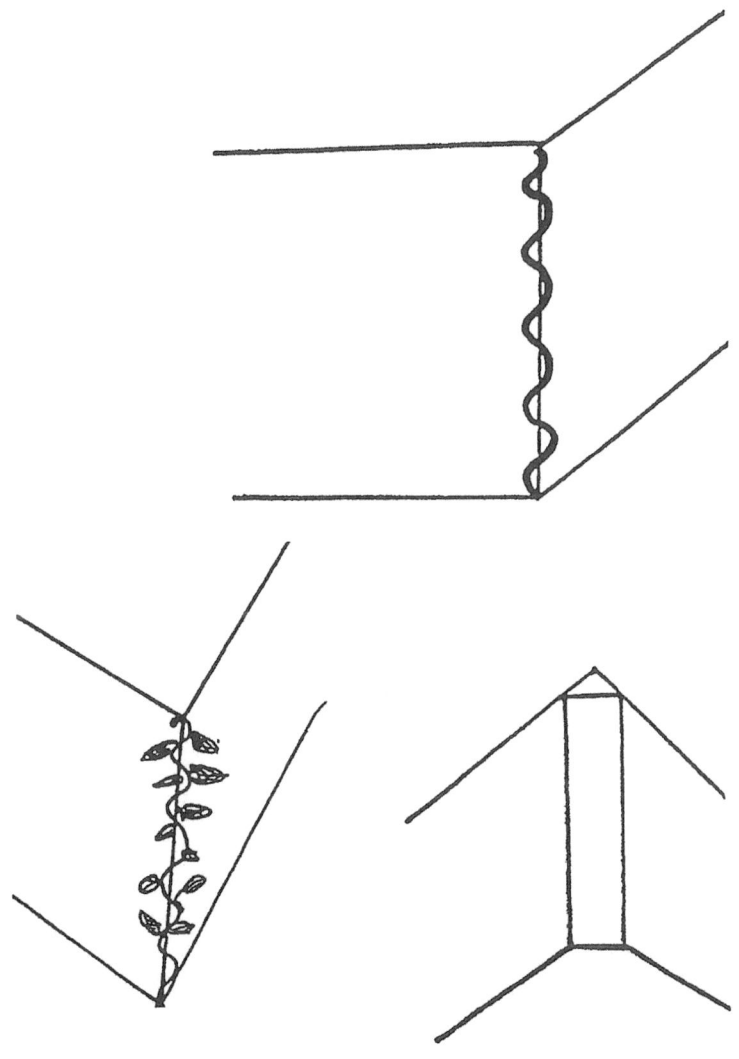

53

NEGATIVE AUSWIRKUNGEN VON DECKENBALKEN

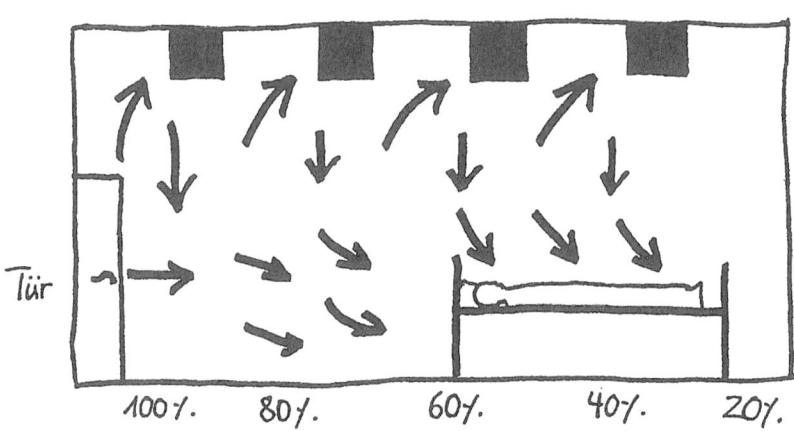

Tür

100%.   80%.   60%.   40%.   20%.

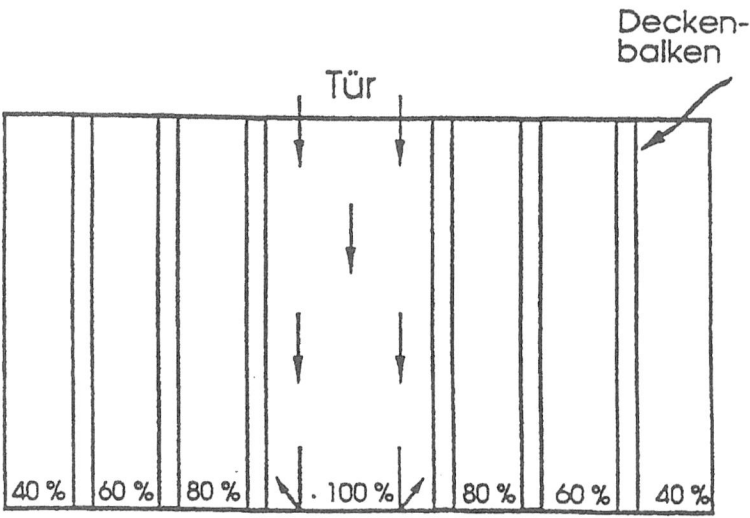

Decken-
balken

Tür

40 %   60 %   80 %   . 100 %   80 %   60 %   40 %

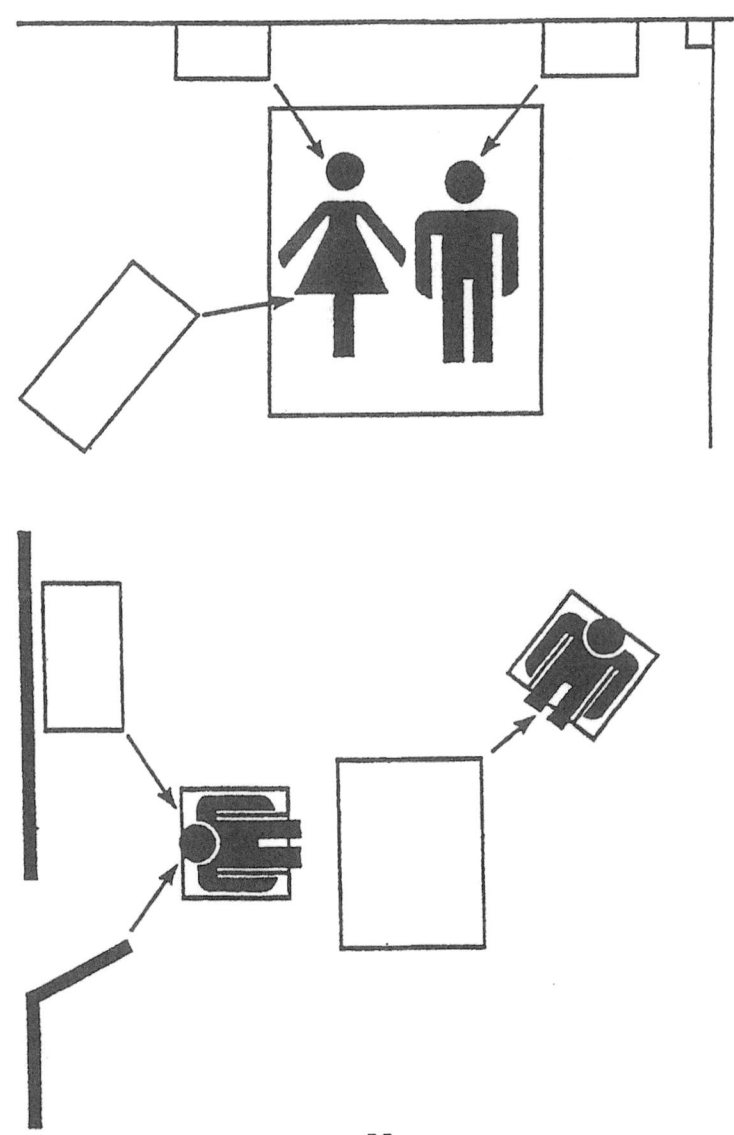

SCHÄDLICHE STRAHLUNGEN NEBEN DEM BETT

Sicherheitsabstand zum Körper: mindestens 1m

Lichtschalter und Steckdosen

Lampe neben dem Bett

Radio und elektrische Uhren

ELEKTRISCHE KABEL ODER ROHRE IN DER WAND

Steckdose

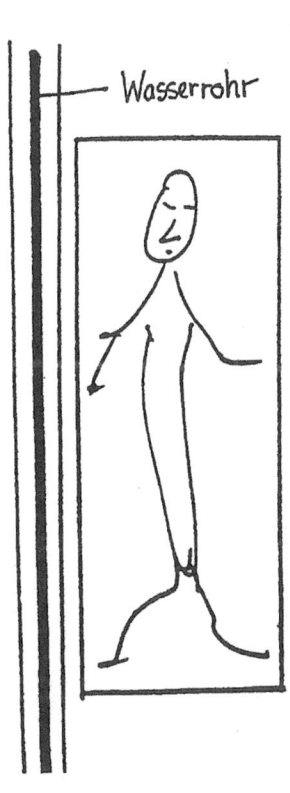

Wasserrohr

Stromleitung

IDEALES DESIGN FÜR SCHLAFZIMMER

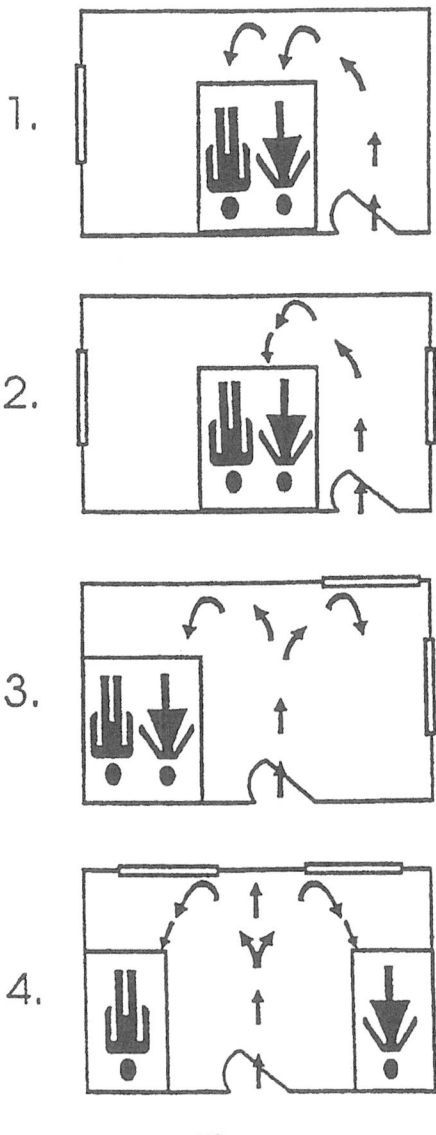

SCHLAFPLATZ IN DER NÄHE DES FENSTERS

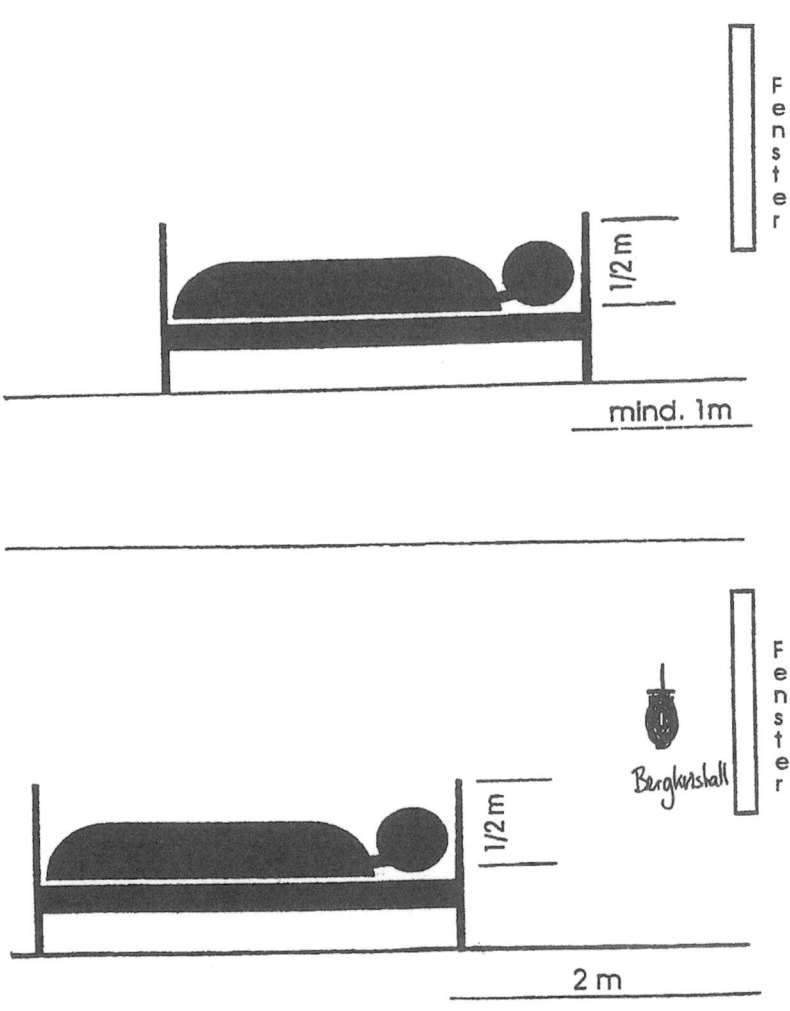

DIE BETTPOSITION IM SCHLAFZIMMER 1 - ABHILFEN

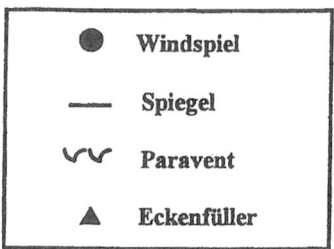

●	**Windspiel**
—	**Spiegel**
∿	**Paravent**
▲	**Eckenfüller**

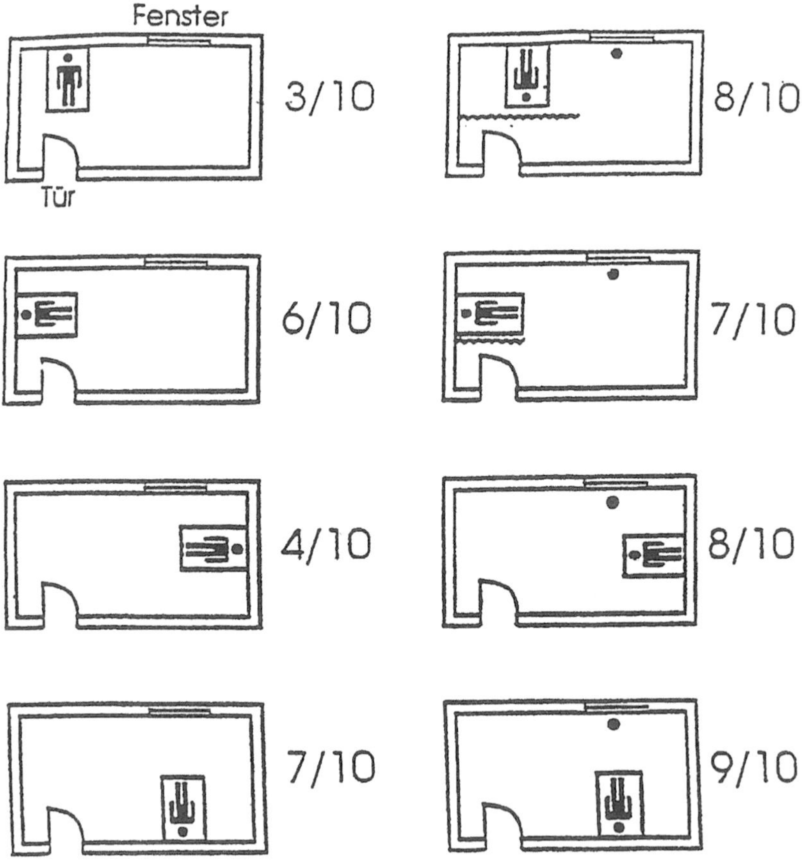

Fenster

Tür

3/10

8/10

6/10

7/10

4/10

8/10

7/10

9/10

DIE BETTPOSITION IM SCHLAFZIMMER 2 - ABHILFEN

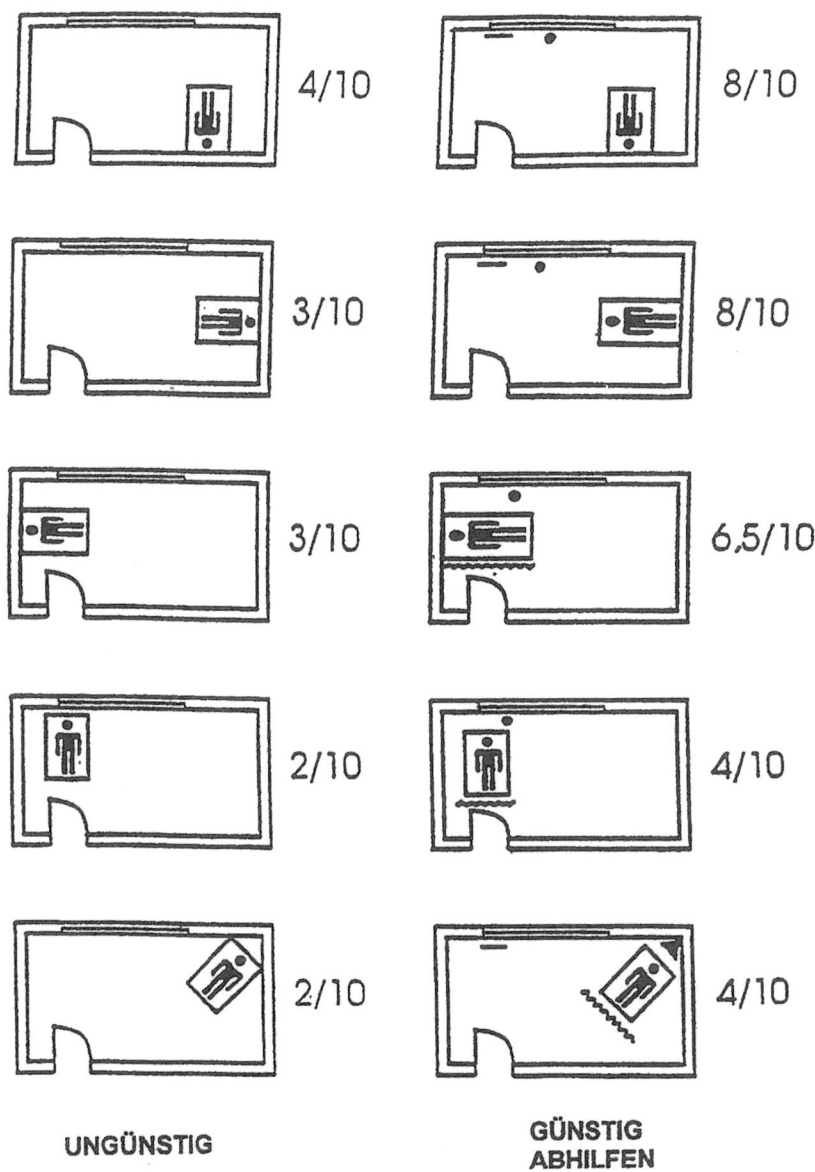

4/10   8/10

3/10   8/10

3/10   6,5/10

2/10   4/10

2/10   4/10

UNGÜNSTIG   **GÜNSTIG ABHILFEN**

61

DIE BETTPOSITION IM SCHLAFZIMMER 3 - ABHILFEN

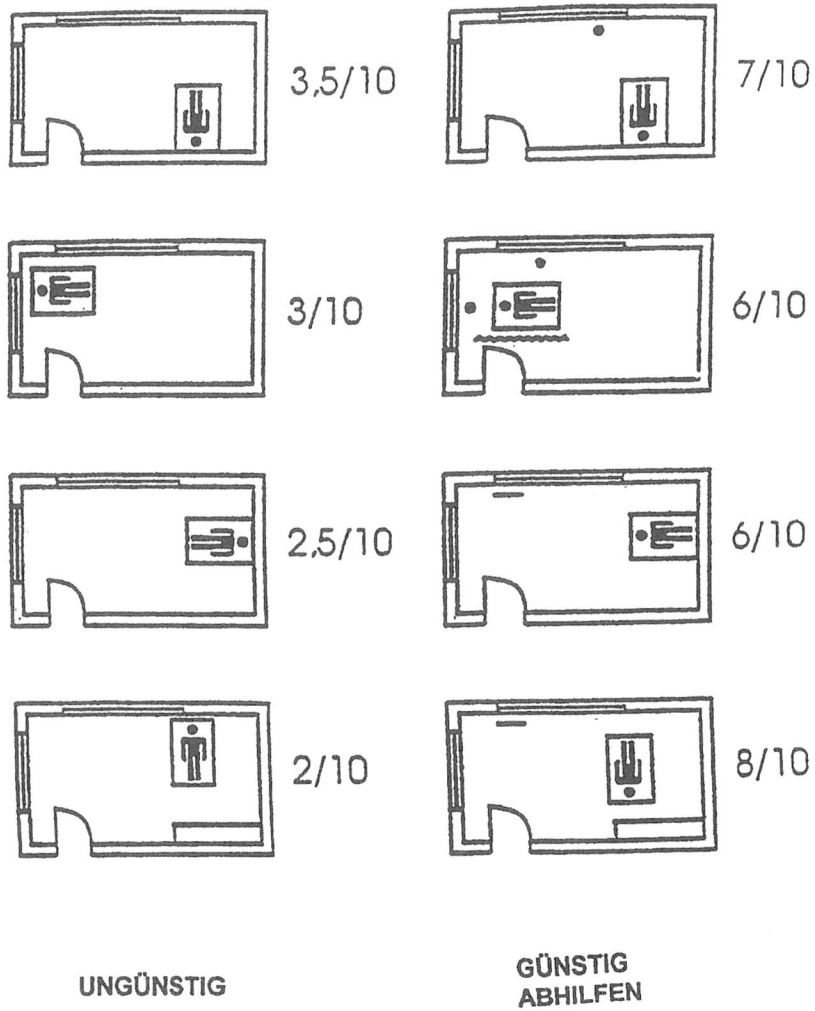

3,5/10

7/10

3/10

6/10

2,5/10

6/10

2/10

8/10

UNGÜNSTIG

GÜNSTIG
ABHILFEN

62

DIE BETTPOSITION IM SCHLAFZIMMER 4 - ABHILFEN

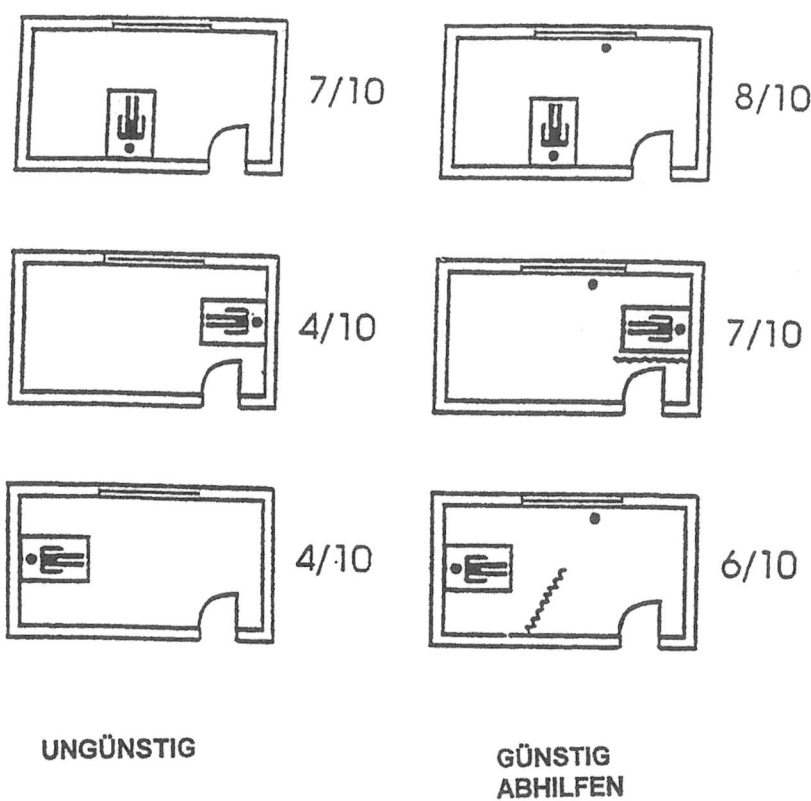

7/10

8/10

4/10

7/10

4/10

6/10

UNGÜNSTIG

GÜNSTIG
ABHILFEN

63

DIE BETTPOSITION IM SCHLAFZIMMER 5 - ABHILFEN

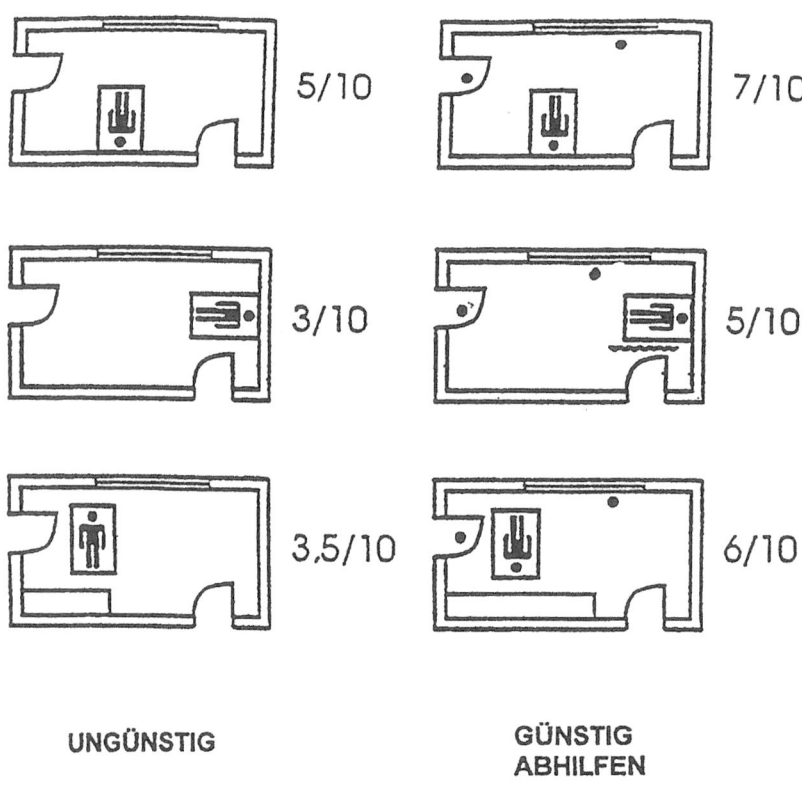

5/10

7/10

3/10

5/10

3,5/10

6/10

UNGÜNSTIG

GÜNSTIG
ABHILFEN

DIE BETTPOSITION IM SCHLAFZIMMER 6 - ABHILFEN

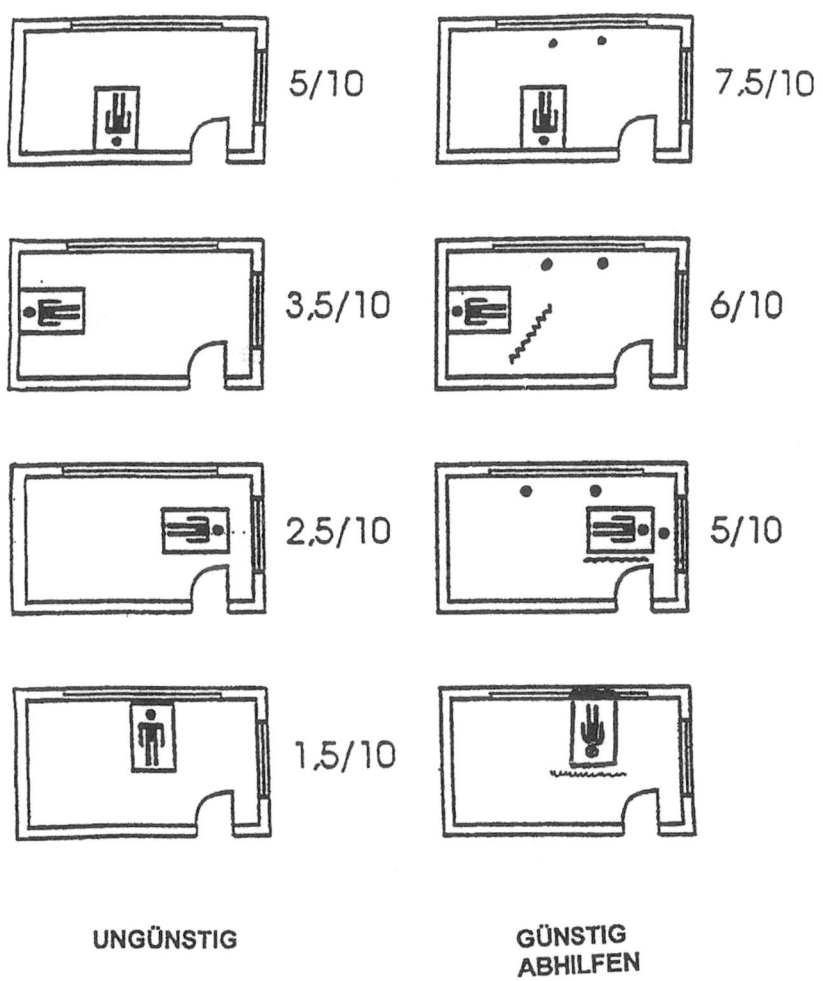

UNGÜNSTIG

GÜNSTIG
ABHILFEN

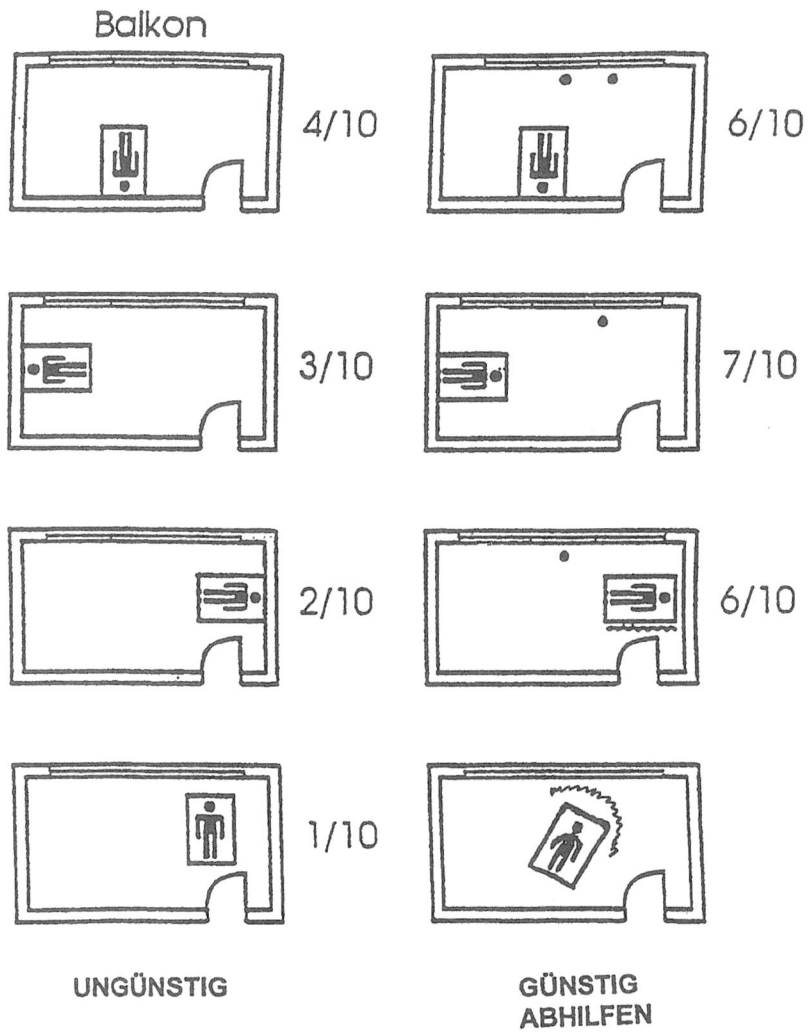

Balkon

4/10

6/10

3/10

7/10

2/10

6/10

1/10

UNGÜNSTIG

GÜNSTIG
ABHILFEN

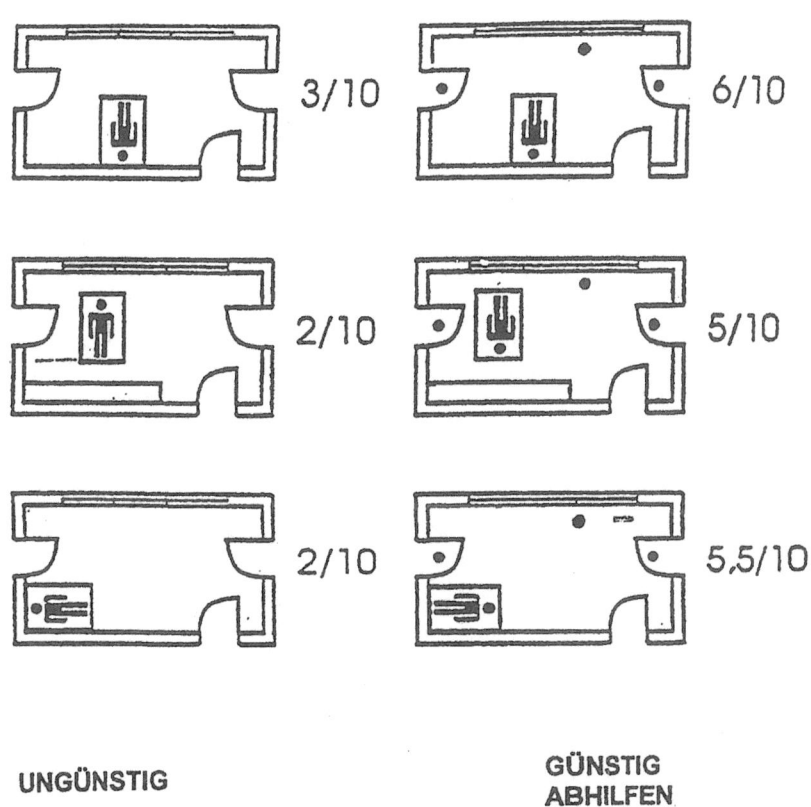

3/10

6/10

2/10

5/10

2/10

5,5/10

UNGÜNSTIG

**GÜNSTIG
ABHILFEN**

DIE BETTPOSITION IM SCHLAFZIMMER 9 - ABHILFEN

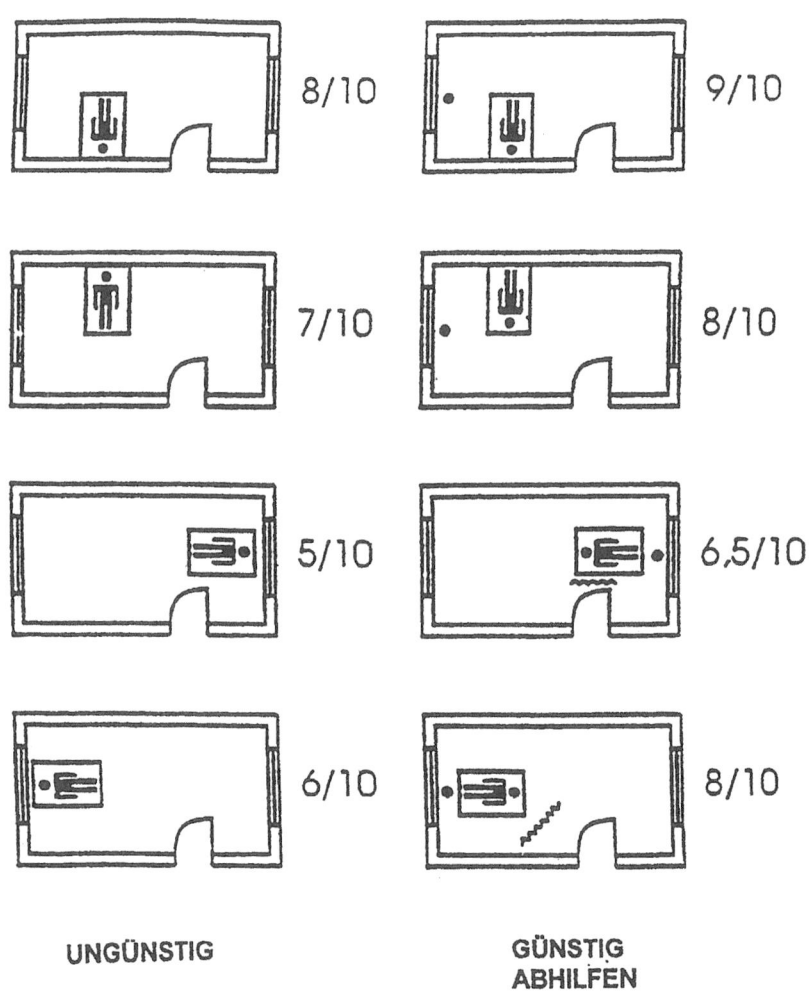

UNGÜNSTIG   GÜNSTIG
ABHILFEN

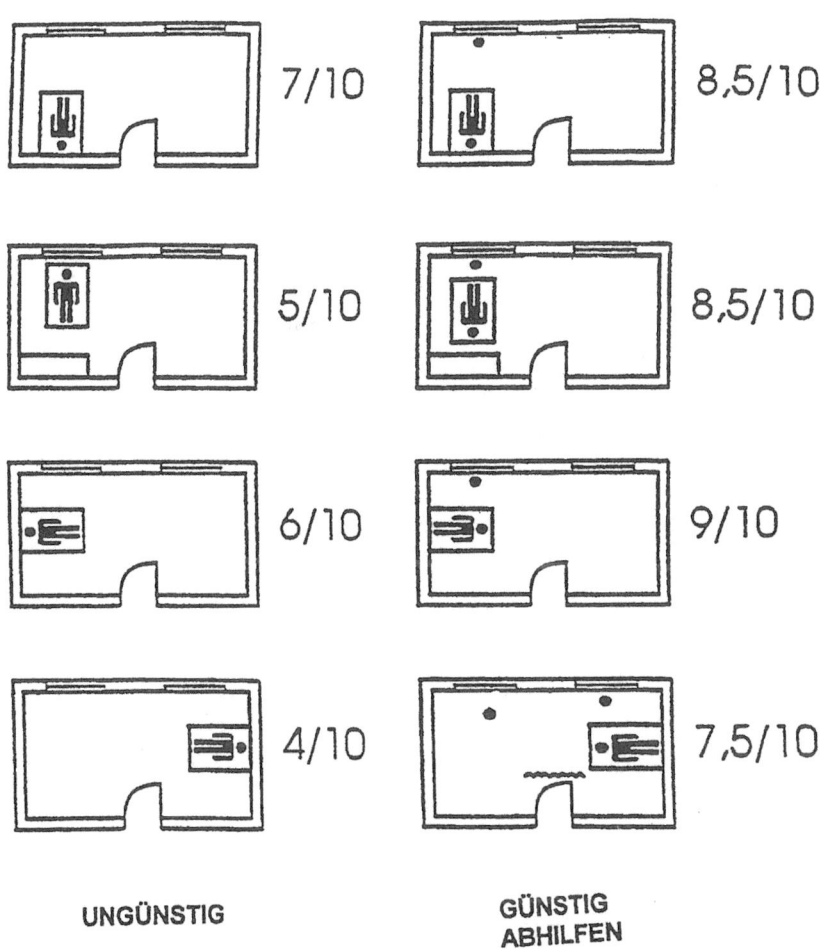

7/10

8,5/10

5/10

8,5/10

6/10

9/10

4/10

7,5/10

UNGÜNSTIG

GÜNSTIG
ABHILFEN

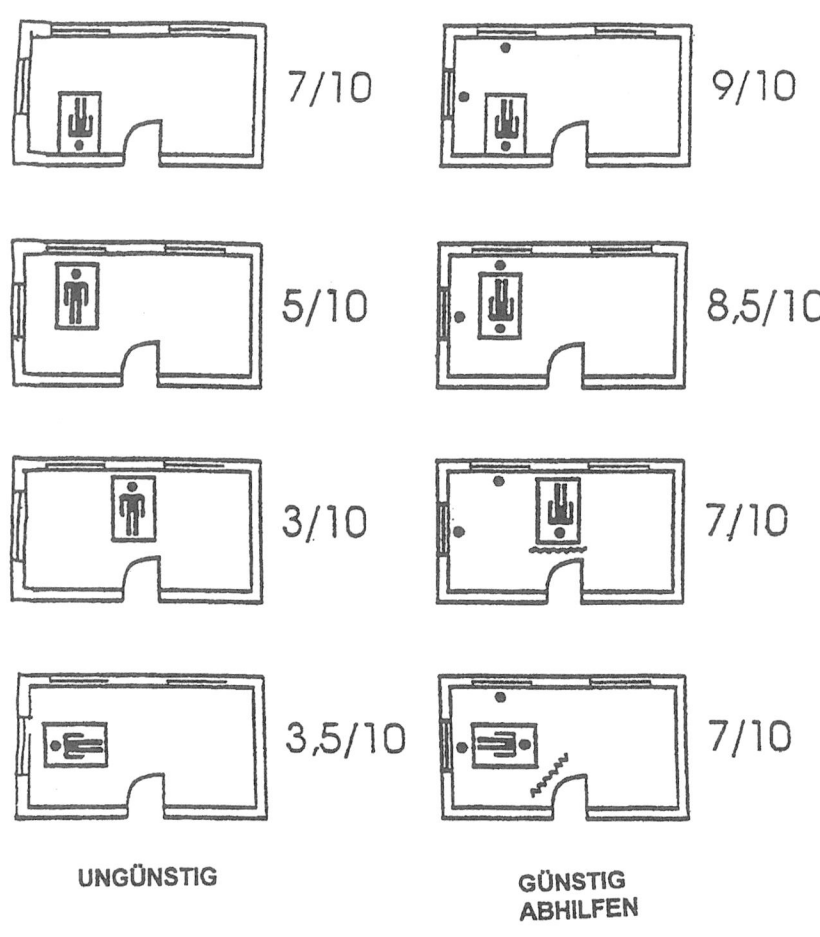

UNGÜNSTIG

GÜNSTIG
ABHILFEN

DIE BETTPOSITION IM SCHLAFZIMMER 12 - ABHILFEN

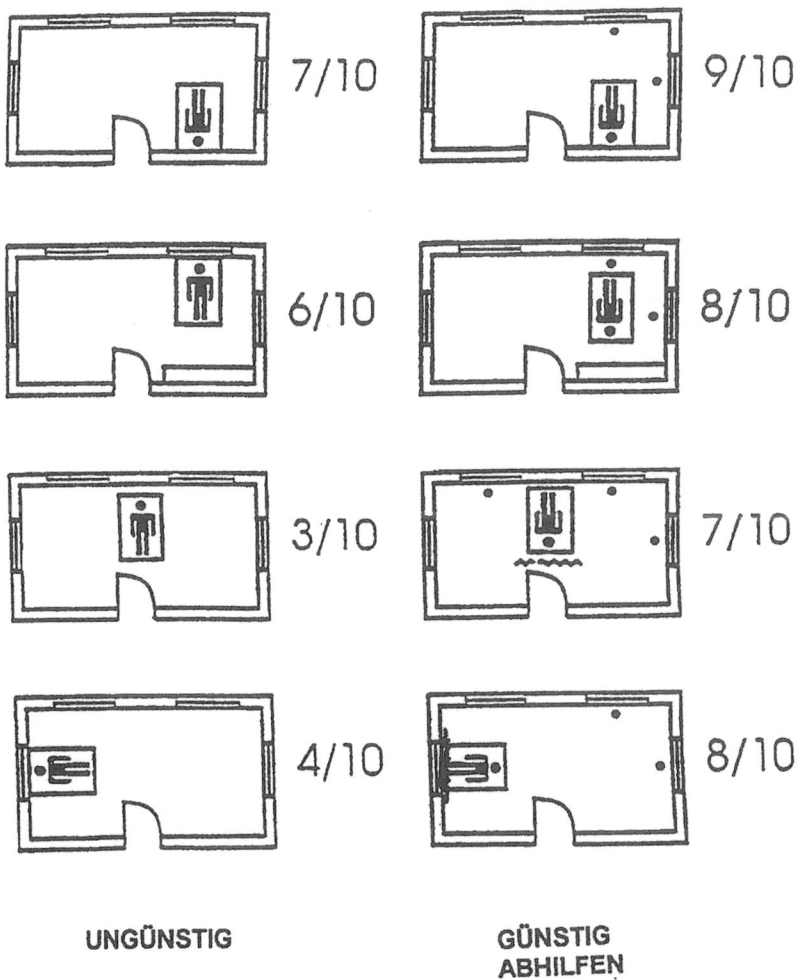

UNGÜNSTIG

GÜNSTIG
ABHILFEN

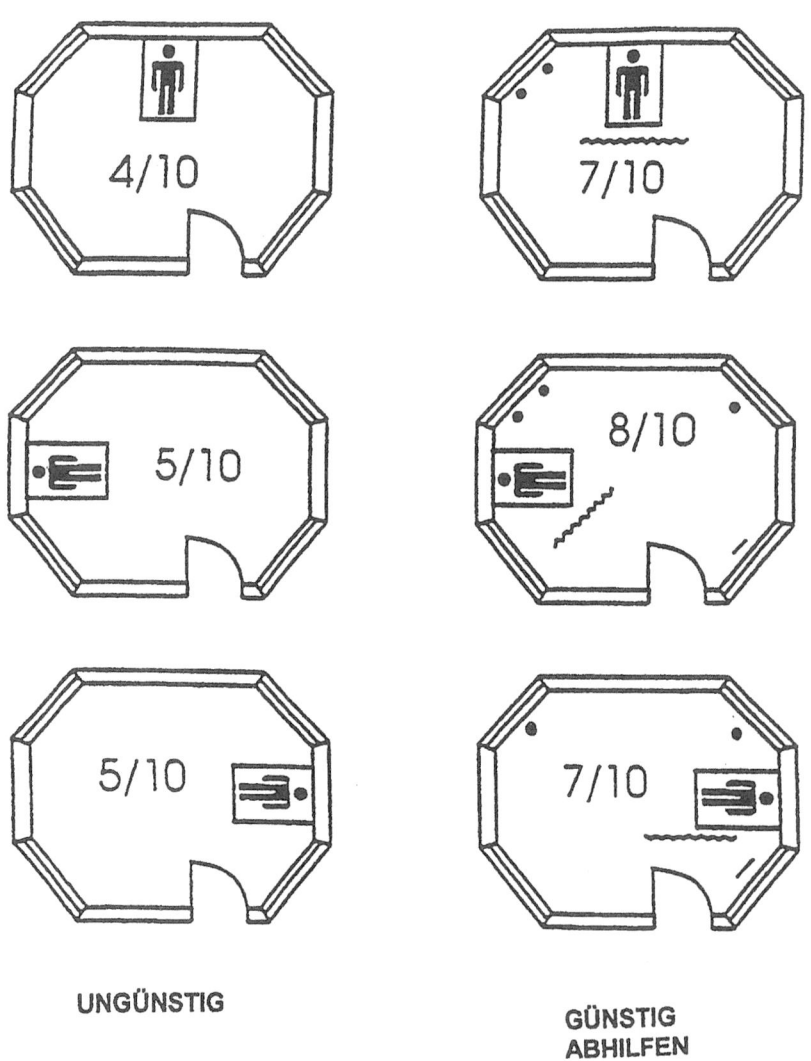

4/10

7/10

5/10

8/10

5/10

7/10

UNGÜNSTIG

GÜNSTIG
ABHILFEN

DIE BETTPOSITION IM SCHLAFZIMMER 14 - ABHILFEN

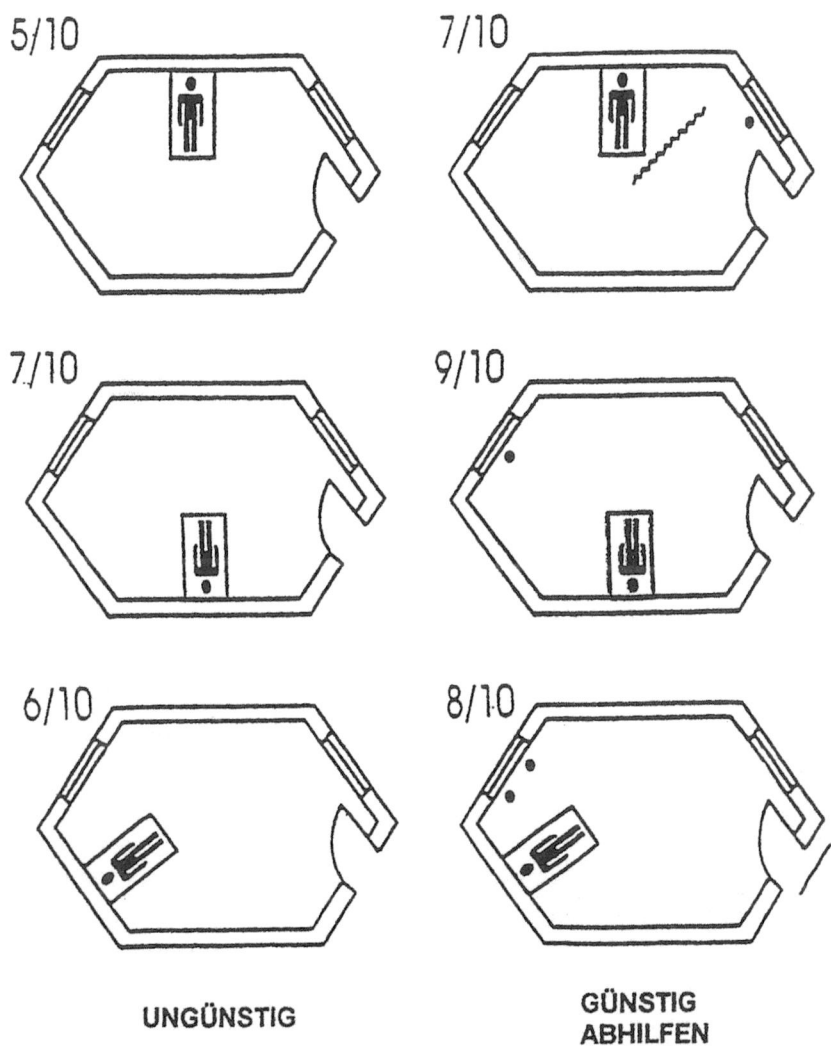

UNGÜNSTIG

GÜNSTIG
ABHILFEN

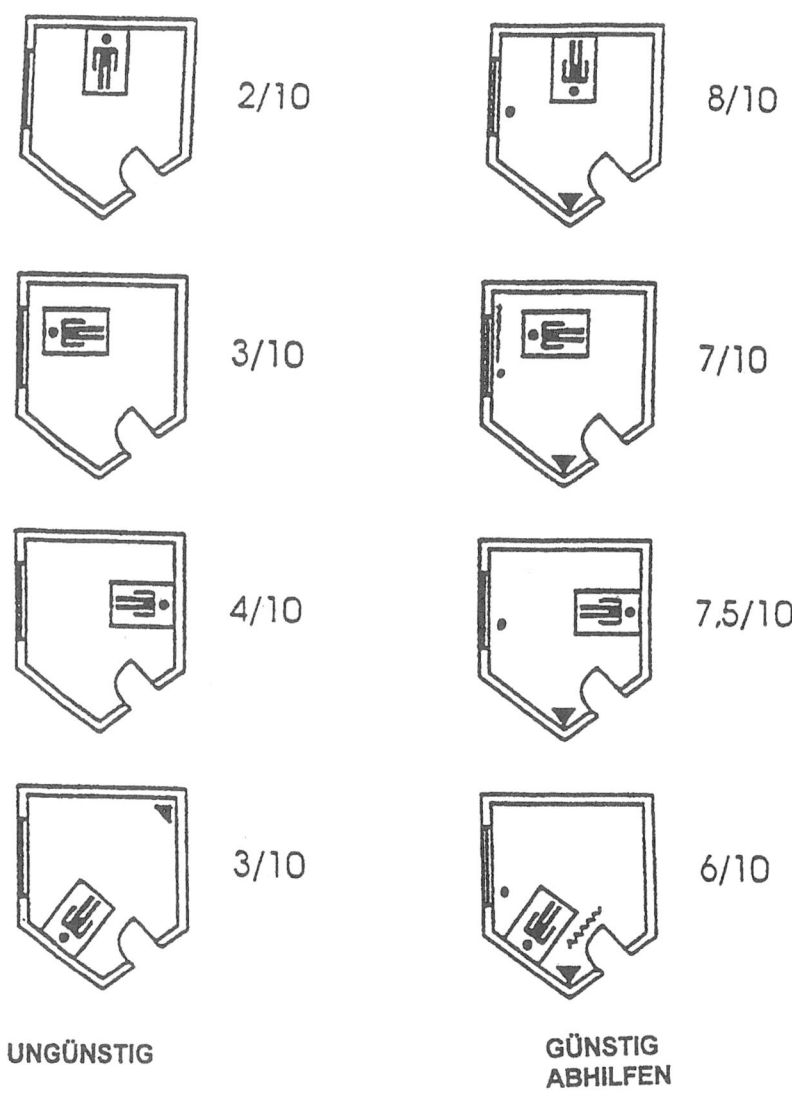

2/10

8/10

3/10

7/10

4/10

7,5/10

3/10

6/10

UNGÜNSTIG

**GÜNSTIG
ABHILFEN**

74

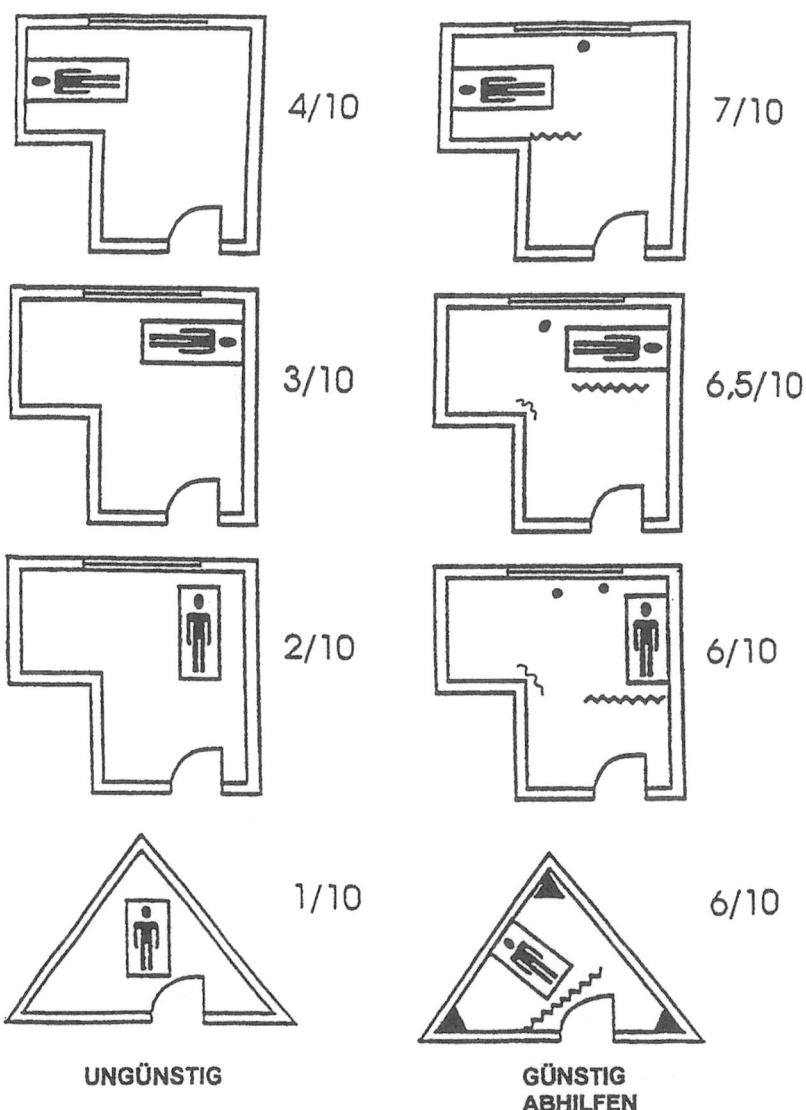

4/10

7/10

3/10

6,5/10

2/10

6/10

1/10

6/10

UNGÜNSTIG

**GÜNSTIG
ABHILFEN**

WOHNZIMMEREINRICHTUNG

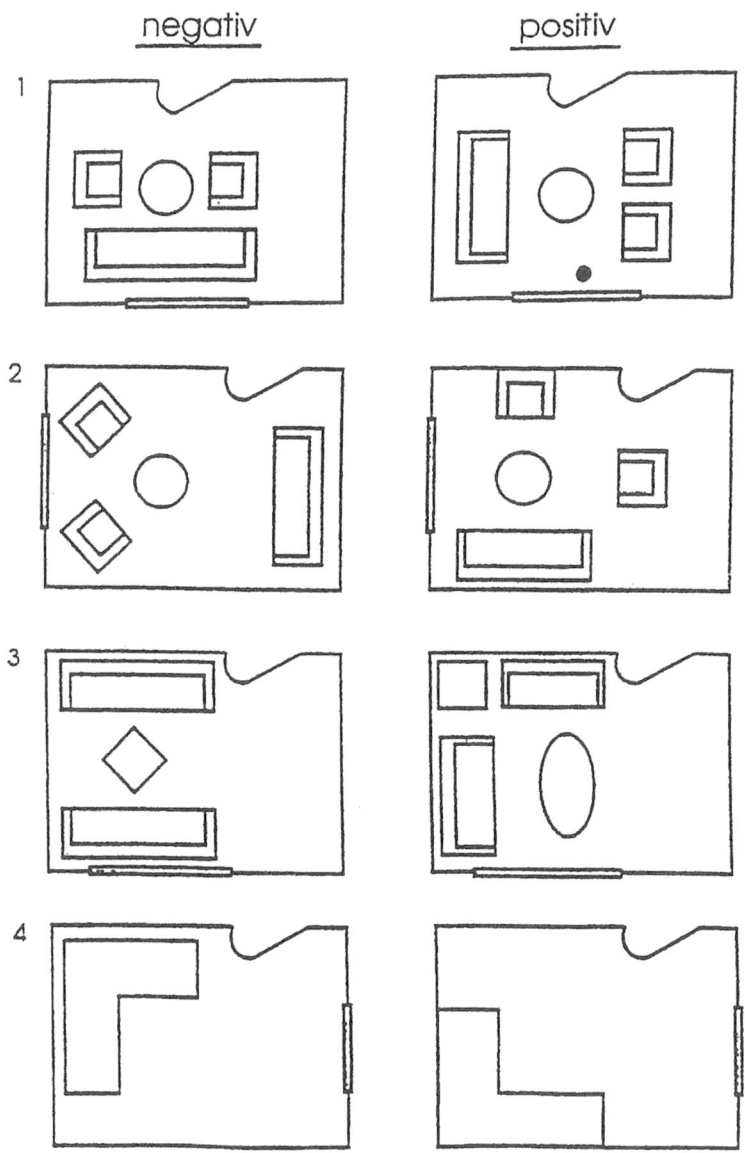

SCHLAFZIMMER NEBEN KÜCHE, BAD ODER TOILETTE

- Plaziere das Bett nicht nahe an einer Wand, in der Stromleitungen verlegt sind, um schädliche elektrische Strahlung zu vermeiden.

- Meide die Nähe einer Wand, die an die Küche oder Bad/Toilette grenzt und in der Wasserleitungen verlegt sind. Dies kann zu Rheuma, Erkältungen und Störungen des Immunsystems führen.

- Das Bett sollte in diesem Fall mindestens 2m von der Wand entfernt aufgestellt werden

KÜCHENANORDNUNG

- Die Küche sollte nicht neben dem Schlafzimmer liegen

- Ofen und Herd sollten 2m Abstand von Kühlschrank/Spülmaschine haben

- Der Herd sollte wenn möglich nach Osten ausgerichtet sein

KÜCHE

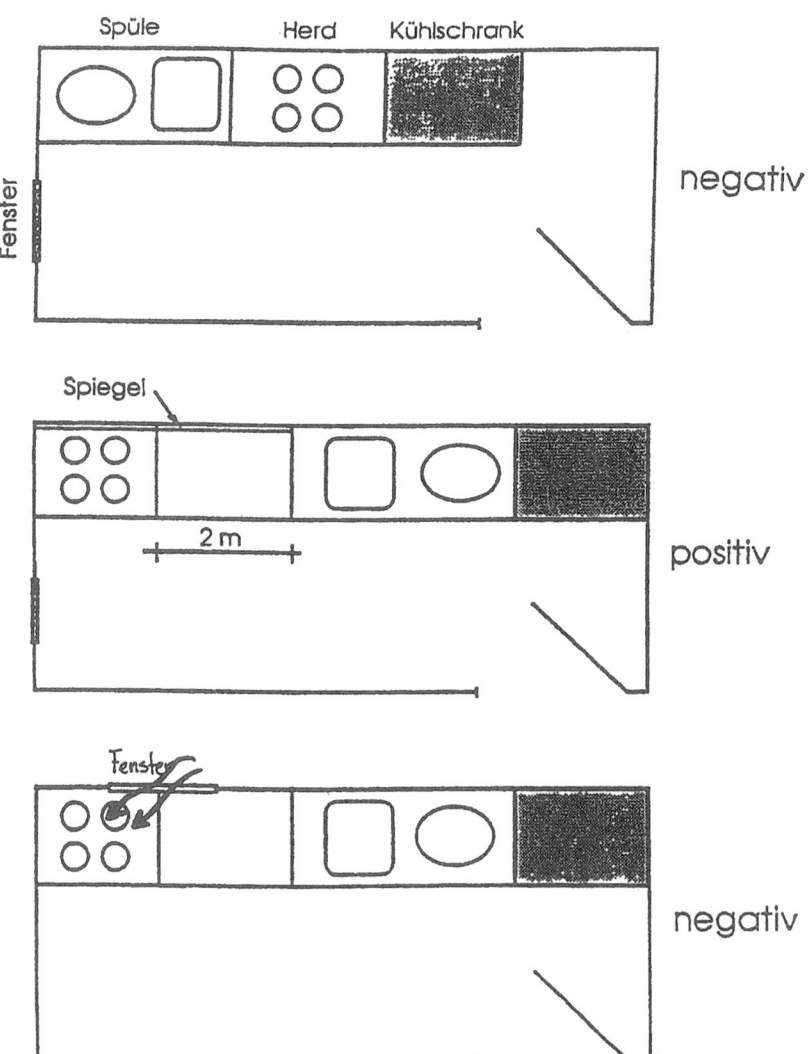

Spüle   Herd   Kühlschrank

Fenster

negativ

Spiegel

2 m

positiv

Fenster

negativ

KÜCHENANORDNUNG I

1

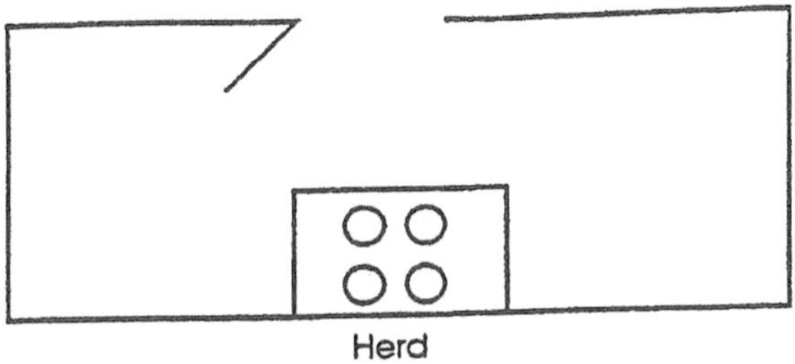

Herd

negativ

2

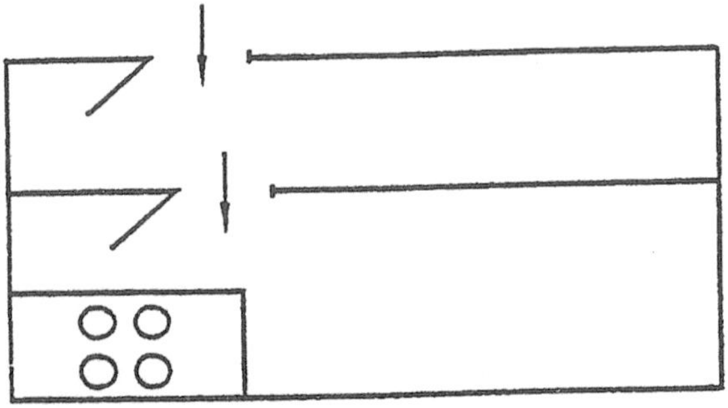

negativ

3

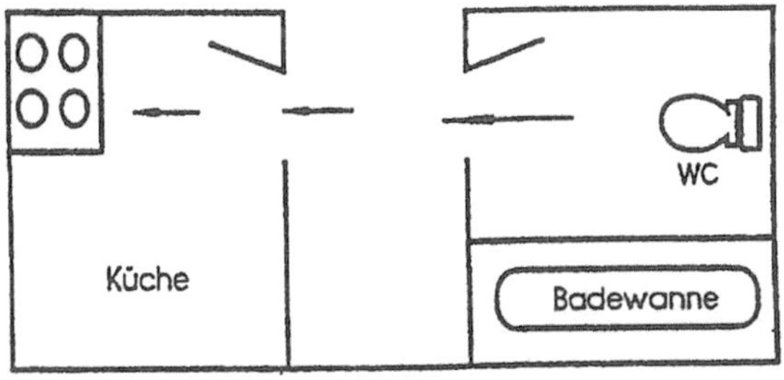

Küche — WC — Badewanne

negativ

4

Küche — Schlaf-zimmer

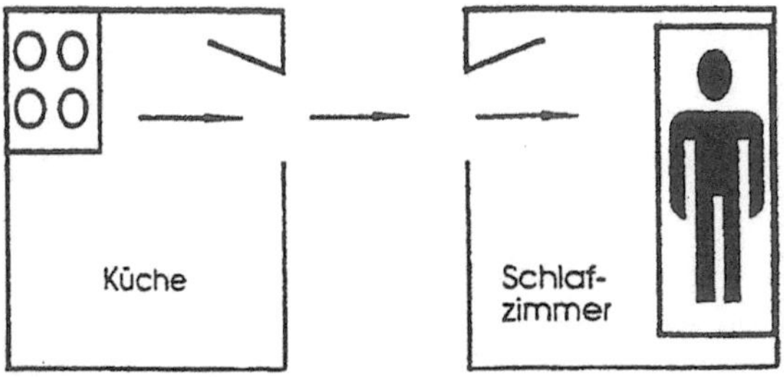

negativ

KÜCHENANORDNUNG II

negativ

positiv

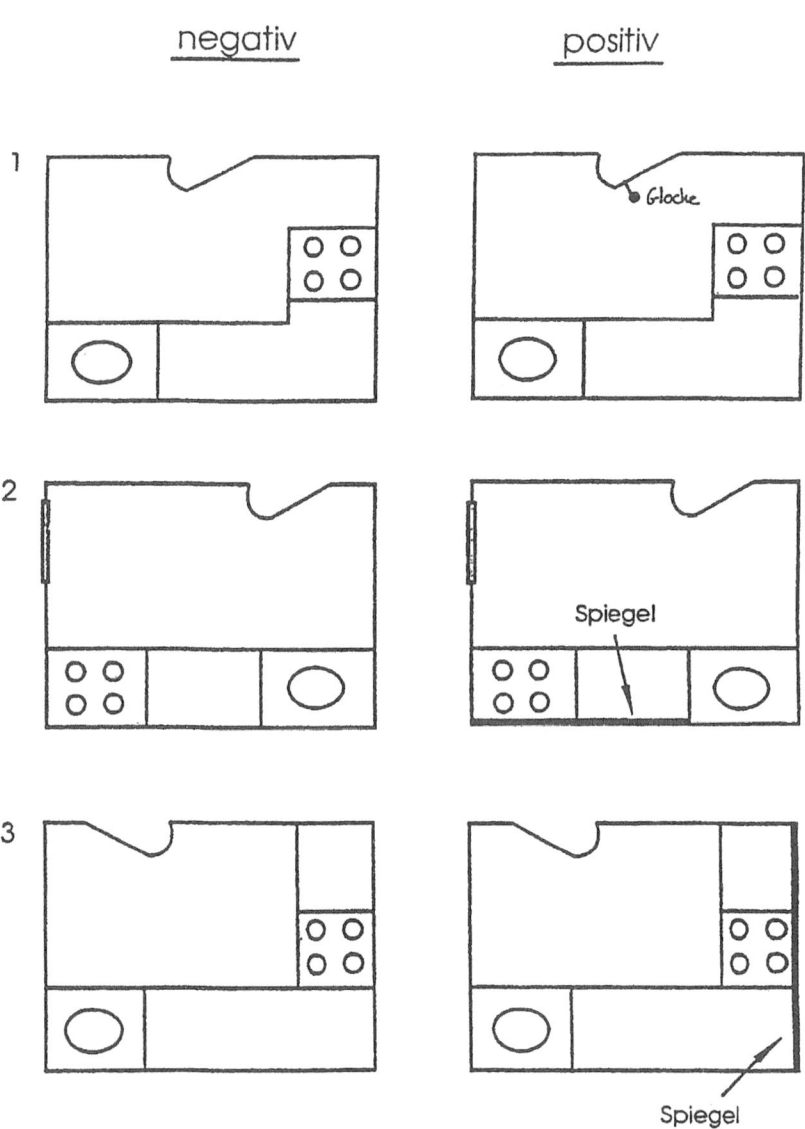

TREPPEN

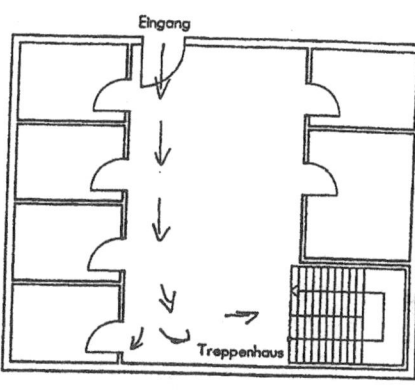

positiv

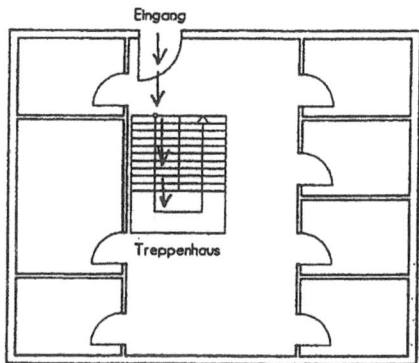
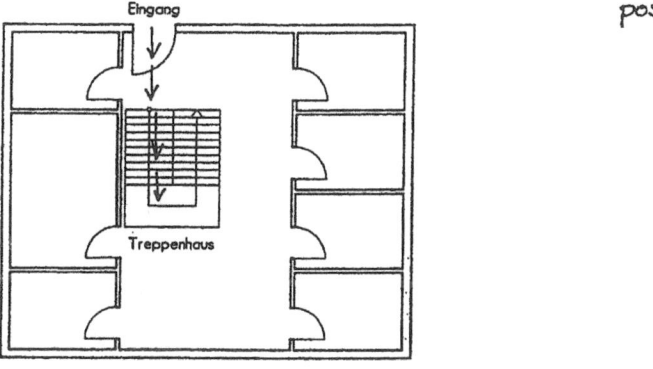

negativ

positiv

positiv

81

FENG SHUI FLÖTEN

Wichtig: Mit dem Mundstück nach oben aufhängen!
Die Quasten befinden sich unten.
Die Flöten dürfen sich nicht berühren.

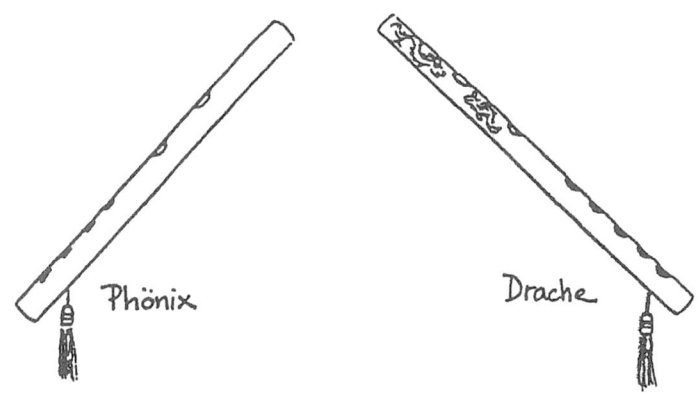

Phönix   Drache

DAS WINDSPIEL

<u>Positivwirkung</u>

- Ein gutes Windspiel erzeugt beruhigende, heilende Klänge

- In die Mitte des Fensters gehängt „blockt" es Energie

- Im Gang aufgehängt verteilt das Windspiel die Energie

- Faustregel: Wenn der längste Klangstab (Hohlröhre) 30 cm lang ist, schirmt das Windspiel ca. 1qm Fensterfläche ab. Hat das Windspiel Massivröhren, genügt die halbe Stablänge.

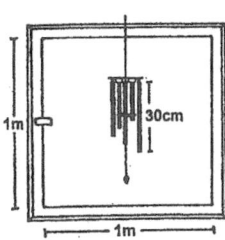
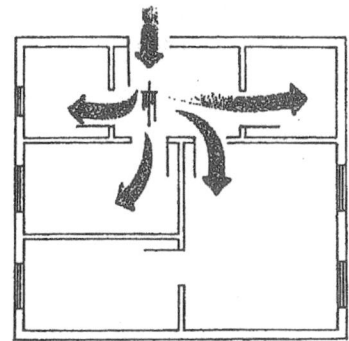

<u>Negativwirkung</u>

- Vor eine Tür gehängt hindert es die Energie im Einfließen ins Haus

- Hat es einen schrillen, stechenden Klang, kann es Gesundheitsprobleme (Herz, Ohren) verursachen

Anmerkung:
Wer zum Holzelement gehört, sollte keine großen Windspiele in seiner Nähe aufhängen - Metall zerstört Holz

---

BELEUCHTUNG

1) Extrem helles und blendendes Licht ist negativ - schädliche Strahlung und Mikrowellen reduzieren den Sauerstoffgehalt im Raum

2) Eckige und spitze Lampen und Beleuchtungsgegenstände sind negativ, da sie angreifen

3) Leuchtstoffröhren erzeugen an beiden Enden Mikrowellenstrahlung. 3 Meter Abstand halten, Qi-Karte zum Schutz tragen oder neben die Lichtquelle legen

83

YIN & YANG
Symbol

Salomons
Siegel

DAS PA'KUA SYMBOL

ZUSAMMENFASSUNG VON FENG SHUI-HILFSMITTELN

1. **Flöten** - Flöten ziehen kosmisches Qi in die Räume und heben dadurch den Qi-Gehalt im Gebäude an. Bambusflöten sind auch ein Symbol für Langlebigkeit.

2. **Aquarien** erhöhen das Qi im Raum. Am besten sind achteckige Aquarien oder solche mit abgerundeten Ecken. Goldfische fördern Wohlstand und Überfluß.

3. **Wasserfallbilder** - zur Anhebung des Qi in Räumen.

4. **Springbrunnen, kleiner Wasserfall oder Wasserrad** - zur Verstärkung des Qi innerhalb oder außerhalb des Gebäudes.

5. **Wasserbecken/Teich/See** - zur Anregung und Erzeugung von Qi in der näheren Umgebung des Gebäudes

6. **Chinesischer Handfächer** - zur Anhebung und Lenkung des Qi im Raum

7. **Deckenventilator** - erhöht und verteilt das Qi im Raum

8. **Beleuchtung** - regt das Qi im Raum an

9. **Zimmerpflanzen** - ziehen Qi an und reinigen die Luft

10. **Paravent/Raumteiler** - zur gezielten Lenkung des Qi

11. **Windspiel** - zum Umlenken, Verteilen oder Verlangsamen des Qi

12. **Spiegel** - reflektiert und lenkt Qi um

13. **Hufeisenform** - entweder aus Erde in Form von Erdwällen oder Dämmen oder als Baumgruppe zur Sammlung des Qi

14. **Hecken und hohe Zäune** - zur Umlenkung des Qi, zum Schutz des Gebäudes

15. **Trommeln/Glocken** - zur Anregung des Qi in Räumen

16. **Bergkristalle** - zur Anhebung des Qi, zum Schutz vor Störfeldern

17. **Farben** - zur Verstärkung des Qi, zur Raumharmonisierung

18. **Pyramiden** - zur Anhebung und Verstärkung des Qi

PFLANZEN SCHÜTZEN VOR UMWELTGIFTEN

In den siebziger Jahren veröffentlichte die amerikanische Raumfahrtbehörde NASA umfangreiche Forschungsergebnisse über die Wirkung von Zimmerpflanzen. 1973 hatte die NASA in der Raumfähre Sky Lab 3 eine Belastung durch über 100 Chemikalien festgestellt. Daraufhin wurde der Umweltexperte Dr. William Wolverton konsultiert. Er experimentierte zuerst mit den drei Pflanzen Aloe Vera, Marginata und der Friedenslilie. Die Wunderpflanze Aloe Vera (die vor allem die Wundheilung unterstützt) wurde über einen Zeitraum von 24 Stunden im Labor getestet und könnte 90% des Formaldehydgehalts im Labor beseitigen. Marginata konnte die schädliche Wirkung von Benzolöl zu 80% neutralisieren. Als ein wichtiges Resultat dieser Forschungen wurde die nach folgende Liste zusammengestellt.

Toxische Substanz	vorhanden in	Gesundheitsschäden	Pflanzen
Formaldehyd	Schaumstoffen Sperrholz Kleidung Teppichböden Möbel Papierwaren Haushalt Reinigungsmittel	Kopfschmerzen Augenreizungen Reizung der oberen Atemwege Asthma (bei längerem Einfluß) allgemeine Müdigkeit	Philodendron Spinnenpflanzen Chrysantheme
Benzol	Zigarettenrauch Benzin synthetische Fasern Kunststoffe Tinten Öle Reinigungs- und Desinfektionsmittel	Haut- und Augenreizungen Kopfschmerzen Appetitmangel Schläfrigkeit Leukämie u.a. Blutkrankheiten	Efeu Marginata Chrysantheme Gerbera Friedenslilie
Trichloräthylen	nach chemischer Reinigung Tinten und Farben Polituren Lacke Klebstoffe	Leberkrebs	Gerbera Chrysantheme Friedenslilie Marginata

Aus: Longevity, Nov. 1990 und Bericht von Dr. B. C. Wolverton, USA

BÄUME UND PFLANZEN MIT SYMBOLWIRKUNG
Für die Chinesen haben Bäume und Pflanzen auch eine symbolische Bedeutung.

Pflanze	Symbolik
Kiefer	Langlebigkeit
Weide	Anmut
Pflaume	Schönheit und Jugend
Birne	Langlebigkeit
Zypresse	Königswürde
Akazie	Stabilität
Granatapfel	Fruchtbarkeit
Mandarine	Wohlstand
Kamelie	Immergrün
Mispel	Wohlstand
Pfingstrose	Wohlstand
Bambus	Jugend
Orchidee	Ausdauer
Pfirsich	Freundschaft
Jasmin	Freundschaft
Rose	Schönheit
Narzisse	Verjüngung

Einigen Pflanzen und Bäumen werden entweder Yin- oder Yangqualitäten zugeschrieben.

Pflanze	Eigenschaft
Pfingstrose	yang
Orchidee	yang
Pfirsich	yang
Weide	yang
Margarite	yang
Akazie	yang
Dattel	yang
Dattelpflaume	yang
Kirsche	yang
Bambus	yang
Ahorn	yang
Kampfer	yin
Banane	yin
Traube	yin
Papaya	yin
Birne	yin
Schwarzholz	yin

QI-MAG® Feng-Shui I
Die chinesische Kunst des gesunden Wohnens

Kurs I: Praktisches „Erste-Hilfe-Feng-Shui" für Haus und Wohnung. Wie Sie mit einfachen Maßnahmen und Hilfsmittel schnell und zuverlässig grundlegende Energiestörungen in Haus und Wohnung harmonisieren (2 DVDs/190 Min.).

QI-MAG® Feng-Shui II
Harmonisches Wohnen; Harmonie, Glück und Erfolg mit der alten chinesischen Weisheit steigern

Kurs II: Wie Sie Bereiche in Raum und Gebäuden auf einzelne Personen abgestimmt bestimmen und harmonisieren. Was Sie für besseres Arbeiten, mehr Vitalität, erholsameren Schlaf, Erfolg und Wohlstand tun können. Vertiefen Sie die Prinzipien der fünf Elemente, sowie die Harmonie von Yin und Yang, der acht Trigramme und der Feng-Shui Astrologie. Drei fortgeschrittene Feng-Shui-Systeme sind Teil dieses Kursus (2 DVDs/250 Min.).

QI-MAG® Feng-Shui für Geschäft und Beruf – bewährte Praktiken aus Asien für geschäftliche Harmonie und Wohlstand

Kurs III: Erfahren Sie alles über das Business-Feng-Shui, um Ihren Erfolg zu steigern und den Energiefluss der Arbeitsbereiche und Geschäftsgebäuden zu aktivieren und zu optimieren. Entwerfen Sie Logos und Symbole. Mit alten Techniken können Spitzenleistungen erzielt werden (2 DVDs/190 Min.).